심슨
문법

shimson grammar

심우철 지음

Preface

책을 내면서...

저는 오랫동안 학원 강사로 학생들을 만났습니다. 시험이라는 전쟁을 치르고 있는 학생들의 책사로서 영어 과목에 대한 전략을 조언하는 것이 제가 하는 일이었습니다. 28년간 매년 치러오는 전쟁이지만 항상 잔혹하게 느껴집니다. 누군가는 승리의 환희를 맛보겠지만 또 다른 누군가는 반드시 패배하게 되어있는 것이 바로 수험이라는 전쟁의 현실입니다.

2012년에 공단기 입성을 준비하면서 스스로 약속했습니다. '수험생들의 인생을 좌우하는 공무원 시험이라는 전쟁터에서 학생들의 학습에, 더 나아가 학생들의 미래를 향한 도전에 있어 진정한 길잡이가 되겠노라'라고요.

『심슨 영어』는 『심우철 합격영어』를 바탕으로 최근 공무원 시험 출제 경향 및 난이도를 반영하며, 가장 핵심적인 뼈대를 먼저 학습한 후 차근차근 살을 붙여 나갈 수 있도록 업그레이드한 교재입니다.

또한 『심슨 영어』는 28년간 수험 영어 최전선에서 살아온 제 노력의 압축이며, 당시 스스로 한 약속에 대한 응답이기도 합니다. 부디 이 교재가 미래의 공무원을 꿈꾸는 수험생들이 영어 학습에서의 난항을 벗어나는 데 도움이 되었으면 합니다.

시험에 필요한 것들만 정갈하게 담을 수는 없을까?

공무원 영어 수험서는 이미 시중에 넘쳐납니다.
하지만 기존의 딱딱한 영어 이론에 대한 중구난방식 나열만 있을 뿐 학생들이 이것을 더 쉽게 이해할 수 있도록 새로운 형태의 학습법을 제시하는 교재는 찾을 수 없었습니다.

이 책에는 영어 학습에 있어 핵심이 되는 '구문', '문법', '독해'의 필수 개념을 철저하게 최근 공무원 시험 출제 기조에 맞춰 수록하였습니다.
단순히 열거만 한 것이 아니라 '구문'은 '법칙'으로, '문법'은 '포인트'로, '독해'는 유형별 'Reading Skill'로 풀어내어 학생들의 이해를 한층 도왔습니다.

2025 출제 기조 변화 완벽 반영

2025년 새롭게 변화하는 시험은 단순 암기식 평가 비중을 축소하고, 민간 어학 시험의 출제 경향을 반영하여 문장형 문제와 영작 문제는 없어지고 단락형 문제 강화, 빈칸형 문제가 새롭게 추가 됩니다.

그에 따라 불필요하고 지엽적인 내용은 최소화하고 단락형 문제에서 요구되는 문법 기본 지식을 강화, 빈칸형 문제에 나올 수 있는 핵심 문법 포인트를 중점으로 맞춤형 연습을 할 수 있도록 한 권에 담았습니다.

『심슨 영어』 하나면 됩니다.

더 이상 어떤 교재로 공무원 영어를 공부해야 하는지 고민하며 시간을 버리지 마십시오.
『심슨 영어』에 공무원 영어의 모든 것이 담겨 있습니다.
공무원 영어는 이 책 하나면 완벽하게 끝납니다!

목차

이 책의 구성과 특징

1 변화되는 시험에 최적화된 문법 기본서

2025 시험 기조 변화에 따라 지엽적이고 불필요한 이론은 과감하게 삭제하였으며, 바뀌는 시험에 반드시 출제될 문법 포인트를 집중적이고 효율적으로 학습할 수 있습니다.

2 심우철 선생님의 노하우가 담긴 기본서

심슨 문법은 공무원 영어 문법을 오랫동안 분석하고 가르친 심우철 선생님의 노하우가 담긴 교재입니다. 풍부한 예문으로 개념을 이해하고, 심슨쌤 꿀팁 코너를 통하여 문제를 푸는 데 도움이 되는 팁까지 전수합니다.

3 엄선된 연습 문제를 통한 개념 적용 연습

EXERCISE 코너에서는 선택형 문제와 빈칸형 문제를 실었습니다. 선택형 문제에서는 기본 개념을 잘 학습했는지 점검할 수 있으며, 빈칸형 문제에서는 실전 연습 및 신유형 대비를 집중적으로 할 수 있습니다.

4 친절하고 상세한 문제 해설과 학습자의 시선을 고려한 좌문우해 구성

연습 문제로 출제된 문법 이론을 해설에서 자세하고 쉽게 설명하였으며, 좌측 페이지에서 문제를 풀고 우측 페이지에서 바로 정답과 해설을 편리하게 확인할 수 있도록 실어 두었습니다.

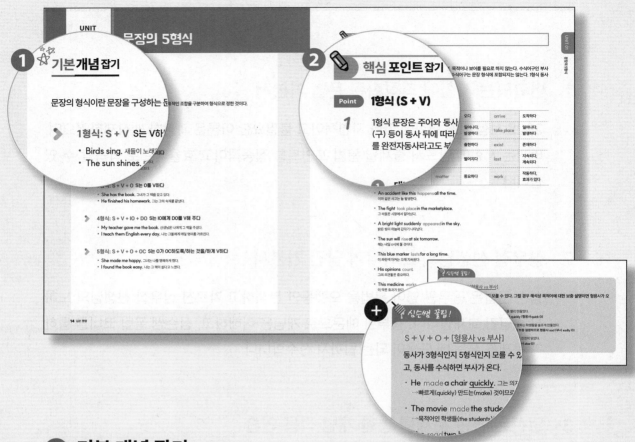

① 기본 개념 잡기

각 UNIT의 본격적인 학습에 앞서, 반드시 알아야 할 기본 개념을 정리하여 제시하였습니다.

② 핵심 포인트 잡기 + 심슨쌤 꿀팁

시험에 꼭 나오는 핵심 문법 포인트만 정리하였습니다. 각 핵심 포인트는 실전 전략형 예문과 함께 살펴보고, 심슨쌤만의 꿀팁으로 문제 풀이 전략을 강화할 수 있습니다.

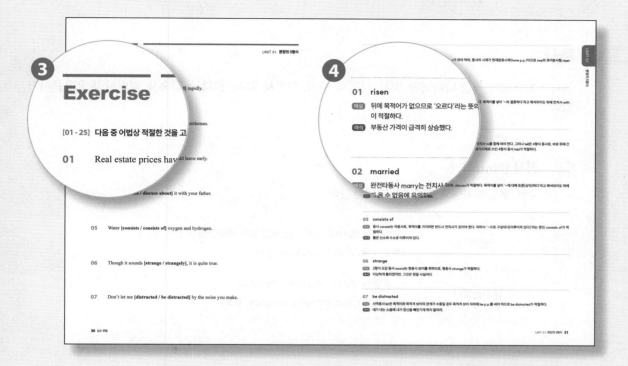

③ EXERCISE

문제를 통해 각 UNIT의 문법 포인트를 체화하였는지 확인할 수 있습니다. 헷갈릴 수 있는 문법 포인트 보기에서 정답을 고르는 선택형 문제와 2025년 시험 대비 빈 칸형 문제를 통해 집중적인 문법 훈련을 돕고자 하였습니다.

④ 정답 및 해설

EXERCISE 문제 바로 옆쪽에 문제 해석은 물론, 정답의 근거를 자세히 설명하여 독학하는 수험생들의 문제 이해도를 한층 더 높이도록 구성하였습니다.

배경지식 알아두기

품사

1 품사는 단어의 성격을 나타내며, 명사, 대명사, 동사, 형용사, 부사, 전치사, 접속사, 감탄사 총 8개 품사가 있다.

① 명사 (Noun)

유형·무형의 사물의 이름을 나타내는 단어

가산명사	셀 수 있는 명사로, 주로 -(e)s를 붙여 복수형을 만들 수 있다. ex book, chair, desk, apple
불가산명사	셀 수 없는 명사로, 항상 단수 취급한다. ex water, happiness, money, hair

② 대명사 (Pronoun)

명사 대신에 쓰이는 단어
ex I, you, he, she, we, they, them, it, myself, this, that, those, all, each, both 등

③ 동사 (Verb)

사물의 동작이나 상태를 나타내는 단어

1 be동사와 일반동사 및 조동사

be동사	be, am, are, is, was, were
일반동사	eat, run, hurt, touch 등
조동사	can, will, shall, may, must, should 등

2 자동사와 타동사

자동사	목적어를 필요로 하지 않는 동사 ex go, lie, remain, exist
타동사	목적어를 필요로 하는 동사 ex like, buy, have, give

4 형용사 (Adjective)

성질, 수량 등을 나타내며 명사를 앞·뒤에서 수식하거나 설명하는 단어
관사(a(n), the) 또한 형용사의 일종으로 본다.

제한적 용법	명사 앞·뒤에서 수식 ex Jessica is a beautiful girl. Jessica는 아름다운 소녀이다.
서술적 용법	주격 보어나 목적격 보어로 쓰여 명사(주어·목적어)를 설명 ex Jessica is beautiful. Jessica는 아름답다. The result made me happy. 그 결과는 나를 행복하게 했다.

5 부사 (Adverb)

동사, 형용사, 다른 부사, 혹은 문장 전체를 수식하는 단어

* **John plays the piano** well. [동사 수식]
  John은 피아노를 잘 친다.

* **He has a** remarkably **big head.** [형용사 수식]
  그는 유별나게 큰 머리를 가지고 있다.

* **He goes to the restroom** very often. [부사 수식]
  그는 매우 자주 화장실에 간다.

* Fortunately, **I found the key.** [문장 전체 수식]
  다행히도, 나는 열쇠를 찾았다.

6 전치사 (Preposition)

명사 또는 대명사 앞에 놓여서 다른 단어와의 관계를 형성하는 단어
ex in, at, on, of, for, to, from, by, with, without, under, in spite of

7 접속사 (Conjunction)

단어와 단어, 구와 구, 절과 절을 연결해 주는 단어

ex and, but, or, if, because, when, as, while, although, as soon as

8 감탄사 (Interjection)

기쁨, 놀람, 슬픔 등의 여러 가지 감정을 나타내는 단어

ex Oh, Oops, Gee, Bravo, Hurrah

배경지식 **구**

2

둘 이상의 단어들이 모여서 하나의 의미 단위를 이루는 것을 '구'라고 한다. 명사구, 형용사구, 부사구가 있다.

1 명사구

명사를 포함한 둘 이상의 단어들이 모여서 명사의 역할을 한다. to 부정사와 동명사는 명사구로 잘 사용된다.

* man [명사] / the man [명사구] / the handsome man [명사구]
  the handsome man in the classroom [명사구]

2 형용사구

형용사를 포함한 둘 이상의 단어들이 모여서 형용사의 역할을 한다. to 부정사와 분사, 전명구가 형용사구로 잘 사용된다.

* beautiful [형용사] / very beautiful [형용사구]

3 부사구

부사를 포함한 둘 이상의 단어들이 모여서 부사의 역할을 한다. to 부정사와 분사구문, 전명구가 부사구로 잘 사용된다.

* slowly [부사] / very slowly [부사구]

절

3 두 개 이상의 단어가 모여 주어와 동사를 갖추면서 문장의 일부를 이루는 단위를 '절'이라고 한다.

① 명사절

명사절 접속사(whether, if, that)와 관계대명사 what, 의문사가 이끄는 절을 일컬으며 명사의 역할을 한다.

- **I know** that Shimson is handsome.
  나는 Shimson이 잘생겼다는 것을 안다.

- What I bought **is a lipstick.**
  내가 산 것은 립스틱이다.

② 형용사절

관계사(who, which, that 등)가 이끄는 절을 일컬으며 형용사처럼 명사(선행사)를 수식하는 역할을 한다.

- **I have a sister** who is a writer.
  나는 작가인 여동생이 있다.

- **This is the computer** which I bought yesterday.
  이것은 내가 어제 산 컴퓨터다.

③ 부사절

부사절 접속사(when, while, because, if 등)가 이끄는 절을 일컬으며 부사처럼 동사, 형용사, 다른 부사, 문장 전체를 수식한다.

- When I was young, **I loved to play video games.**
  나는 어렸을 때 비디오 게임을 하는 것을 좋아했다.

- Because I broke my leg, **I can't run.**
  나는 다리가 부러졌기 때문에 뛸 수가 없다.

문장 성분

4 문장 성분이란, 각 품사를 문장에서의 역할에 따라 분류한 것이다.

$$S \ / \ V \ / \ O \ / \ C \ / \ \text{(전명구·부사구)}$$

(대)명사　　동사　　(대)명사　(대)명사·형용사

① 주어 (Subject)

서술어가 나타내는 동작이나 상태의 주체가 되는 말이다. 명사(구)(절)가 이에 해당하며, '~은/는, ~이/가'로 해석된다.

- **My parents** live in Busan.
  나의 부모님은 부산에 살고 계신다.

- **We** played computer games for three hours.
  우리는 세 시간 동안 컴퓨터 게임을 했다.

- **To study English** is interesting.
  영어를 공부하는 것은 흥미롭다.

- **That he passed the test** surprised everyone.
  그가 시험에 합격했다는 사실은 모두를 놀라게 했다.

② 서술어 (Verb)

주어가 나타내는 동작이나 상태 등을 이르는 말이다. 동사(구)가 이에 해당하며, '~하다, ~이다'로 해석된다.

- He **is running.**
  그는 뛰고 있다.

- They **planned to visit Hong Kong.**
  그들은 홍콩에 갈 계획을 세웠다.

- I **will finish** my homework by tonight.
  나는 오늘 밤까지 숙제를 끝낼 것이다.

- She **has watched** the movie twice.
  그녀는 그 영화를 두 번 봤다.

③ 목적어 (Object)

동사가 나타내는 행위의 대상이다. 명사(구)(절)가 이에 해당하며, '~을, ~를'로 해석된다.

- I love you so much.
  나는 당신을 매우 많이 사랑한다.

- She will review the paper again.
  그녀는 그 논문을 다시 검토할 것이다.

- I want to travel the world.
  나는 세상을 여행하고 싶다.

- I know that everyone makes mistakes.
  모두가 실수를 한다는 것을 나는 알고 있다.

④ 보어 (Complement)

주어나 목적어를 보충 설명해 주는 말이다. 명사(구)(절), 형용사(구)가 이에 해당하며, 명사일 경우 '주어/목적어는 ~이다'로, 형용사일 경우 '주어/목적어는 ~하다'로 해석된다.

- He became a lawyer.
  그는 변호사가 되었다.

- Living in Seoul is expensive.
  서울에서 사는 것은 비싸다.

- My hobby is listening to music.
  나의 취미는 음악을 듣는 것이다.

- She always makes me happy.
  그녀는 항상 나를 행복하게 만든다.

문장의 5형식

⭐ 기본 개념 잡기

문장의 형식이란 문장을 구성하는 문장 성분의 대표적인 조합을 구분하여 형식으로 정한 것이다.

> **1형식: S + V** S는 V하다

- Birds sing. 새들이 노래한다.
- The sun shines. 태양이 빛난다.

> **2형식: S + V + SC** S는 SC(이)다

- She is a doctor. 그녀는 의사이다.
- I feel hungry. 나는 배가 고프다.

> **3형식: S + V + O** S는 O를 V하다

- She has the book. 그녀가 그 책을 갖고 있다.
- He finished his homework. 그는 그의 숙제를 끝냈다.

> **4형식: S + V + IO + DO** S는 IO에게 DO를 V해 주다

- My teacher gave me the book. 선생님은 나에게 그 책을 주셨다.
- I teach them English every day. 나는 그들에게 매일 영어를 가르친다.

> **5형식: S + V + O + OC** S는 O가 OC하도록/하는 것을/하게 V하다

- She made me happy. 그녀는 나를 행복하게 했다.
- I found the book easy. 나는 그 책이 쉽다고 느꼈다.

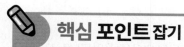
Point 1 **1형식 (S + V)**

1형식 문장은 주어와 동사만으로 성립이 가능하며, 목적어나 보어를 필요로 하지 않는다. 수식어구인 부사(구) 등이 동사 뒤에 따라붙는 경우가 많은데, 이때 수식어구는 문장 형식에 포함되지는 않는다. 1형식 동사를 완전자동사라고도 부른다.

1 대표적인 1형식 동사

go	가다	come	오다	arrive	도착하다
happen	일어나다, 발생하다	occur	일어나다, 발생하다	take place	일어나다, 발생하다
appear	나타나다	emerge	출현하다	exist	존재하다
rise	오르다, 뜨다	fall	떨어지다	last	지속되다, 계속되다
count	중요하다	matter	중요하다	work	작동하다, 효과가 있다

- An accident like this happens all the time.
  이와 같은 사고는 늘 발생한다.

- The fight took place in the marketplace.
  그 싸움은 시장에서 일어났다.

- A bright light suddenly appeared in the sky.
  밝은 빛이 하늘에 갑자기 나타났다.

- The sun will rise at six tomorrow.
  해는 내일 6시에 뜰 것이다.

- This blue marker lasts for a long time.
  이 파란색 마커는 오래 지속된다.

- His opinions count.
  그의 의견들은 중요하다.

- This medicine works.
  이 약은 효과가 있다.

② 자동사 + 전치사

1형식 완전자동사는 뒤에 목적어나 보어를 필요로 하지 않는데, 동사 뒤에 명사(목적어)가 붙고자 한다면 반드시 전치사의 도움을 받아야 한다.

graduate from	~을 졸업하다	consist of	~로 구성되다
arrive at	~에 도착하다	participate in	~에 참석하다
result from	~에서 기인하다	result in	~을 야기하다
account for	~을 설명하다	deal with	~을 다루다, 처리하다
belong to	~에 속하다	object to	~에 반대하다
dispose of	~을 처분하다	dispense with	~없이 지내다 (without ⊗)

- She will graduate from college next spring.
  그녀는 내년 봄에 대학을 졸업할 것이다.

- Water consists of hydrogen and oxygen.
  물은 수소와 산소로 이루어져 있다.

- They arrived at the airport.
  그들은 공항에 도착했다.

- I can deal with this problem.
  나는 이 문제를 처리할 수 있다.

- He objects to the new policy.
  그는 새로운 정책에 반대한다.

Point 2

2형식 (S + V + SC)

동사만으로는 주어에 대한 설명이 부족한 경우, 주어의 상태나 동작을 보충 설명해 주는 주격 보어(SC)가 필요하다. 이러한 문장 형식을 2형식이라고 일컬으며, 2형식 동사를 불완전자동사라고도 부른다. 주격 보어 자리에는 명사와 형용사가 올 수 있으며, 부사는 올 수 없다.

① 상태유지 동사 '(계속) ~이다'

> be, remain, stay, keep, hold **+ 형용사**

- Shimson is <u>kind</u>.
  Shimson은 친절하다.

- She remained <u>silent</u> during the meeting.
  그녀는 회의 동안에 침묵을 지켰다(계속 침묵하는 상태였다).

- My mother stays <u>healthy</u>.
  나의 어머니는 건강을 유지하고 계신다(계속 건강한 상태이다).

- He kept <u>calm</u>.
  그는 침착했다(계속 침착한 상태였다).

② 상태변화 동사 '~되다'

> become, get, turn, grow, go, come, run, fall + <u>형용사</u>

- The weather became very <u>cold</u>.
  날씨가 많이 추워졌다(추운 상태가 되었다).

- I got <u>angry</u> in that moment.
  나는 그 순간 화가 났다(화가 난 상태가 되었다).

- He turned <u>pale</u> at the news.
  그는 그 소식에 얼굴이 창백해졌다(창백한 상태가 되었다).

- I fell <u>asleep</u> during the movie.
  나는 영화를 보다가 잠이 들었다(잠이 든 상태가 되었다).

③ 오감 동사

> look, smell, taste, sound, feel + <u>형용사 / like 명사(구)(절)</u>

- She looks <u>beautiful</u>.
  그녀는 아름다워 보인다.

- The perfume smells <u>good</u>.
  그 향수는 좋은 냄새가 난다.

- Korean food tastes <u>wonderful</u>.
  한식은 맛이 훌륭하다.

- That sounds <u>like a great idea</u>.
  그것은 좋은 생각처럼 들린다.

④ 판단·입증 동사 '~인 것 같다, ~임이 판명되다'

> seem, appear, prove, turn out + (to be) 형용사 / to RV
> ~인 것 같다   ~임이 판명되다

- He seems (to be) ill.
  그는 아픈 것 같다.

- My mom seems to know everything.
  내 엄마는 모든 것을 아는 것 같다.

- The sky appears (to be) cloudy.
  하늘이 흐린 것 같다.

- She appeared to have trouble with her homework.
  그녀는 숙제 때문에 어려움을 겪는 것 같았다.

- What he said proved (to be) true.
  그의 말이 사실로 드러났다.

- The experiment turned out (to be) successful.
  그 실험은 성공적이었음이 판명됐다.

⑤ 주격 보어(SC)의 형태

2형식 동사들은 보통 우리말로 '~하게 하다'로 해석하므로, 주격 보어 자리에 부사가 올 것 같지만 형용사가 와야 한다.

- They look happy. ···› 부사 happily ⊗
  그들은 행복해 보인다.

- This cloth feels smooth. ···› 부사 smoothly ⊗
  이 천은 촉감이 부드럽게 느껴진다.

- Mr. Kim seems rich. ···› 부사 richly ⊗
  Kim 씨는 부유해 보인다.

Point **3형식 (S + V + O)**

3

3형식은 '~을 V하다'라는 의미를 나타내며, 동작을 나타내는 동사의 대상인 목적어가 동사 뒤에 전치사 없이 위치한다. 3형식 동사를 완전타동사라고도 한다.

1 **자동사로 착각하기 쉬운 완전타동사: REMALIODA**

다음 동사들은 타동사이므로 전치사 없이 바로 목적어가 와야 함에 주의한다.

R	resemble ~~with/like~~ ~와 닮다	reach ~~at~~ ~에 도착하다	–
E	enter ~~(in)to~~ ~에 들어가다 **cf** enter into (논의 등을) 시작하다	–	–
M	marry ~~with/to~~ ~와 결혼하다 **cf** be[get] married to ~와 결혼하다	mention ~~on~~ ~에 대해 언급하다	–
A	accompany ~~with~~ ~와 동행하다	affect ~~on~~ ~에 영향을 미치다	approach ~~to/on~~ ~에 다가가다
L	leave ~~from~~ ~을 떠나다 **cf** leave A for B A를 떠나 B로 향하다	–	–
I	influence ~~on~~ ~에 영향을 미치다	–	–
O	obey ~~to~~ ~에 복종하다	oppose ~~to~~ ~에 반대하다 **cf** be opposed to ~에 반대하다 object to ~에 반대하다	–
D	discuss ~~about~~ ~에 대해 토론하다	–	–
A	answer ~~to~~ ~에 답하다	attend ~~at~~ ~에 참석하다	address ~~to~~ ~에게 연설하다

- **Tom resembles his father.** ⋯⋯▶ resemble with ✕
  Tom은 그의 아버지와 닮았다.

- **Will you marry me?** ⋯⋯▶ marry with ✕
  나와 결혼해 줄래요?

- **We will discuss the plan tomorrow.** ⋯⋯▶ discuss about ✕
  우리는 내일 그 계획에 대해 논의할 것이다.

- **The teacher answered the student's question.** ⋯⋯▶ answer to ✕
  선생님은 그 학생의 질문에 답변했다.

- **She attended the meeting yesterday.** ⋯⋯▶ attend at ✕
  그녀는 어제 회의에 참석했다.

4 4형식 (S + V + IO + DO)

4형식 동사는 수여동사라고도 하는데, '주는' 의미를 담고 있기 때문에 누구에게(간접목적어) 무엇을(직접목적어) 주는지가 동사 뒤에 연달아 나온다.

- He gave me a gift.
  그는 나에게 선물을 주었다.

- She showed her son the photo album.
  그녀는 아들에게 사진첩을 보여 주었다.

❶ 3형식으로 전환 시 전치사에 주의해야 하는 4형식 동사

4형식은 간접목적어(IO)와 직접목적어(DO)의 어순을 바꾸어 3형식으로 전환할 수 있는데, 이때에는 간접목적어(IO) 앞에 사용하는 전치사에 주의해야 한다.

give, offer, send, lend, show	+ DO + to + IO
make, buy	+ DO + for + IO
ask	+ DO + of + IO

- He gave me a gift. 그는 나에게 선물 하나를 주었다.
  → He gave a gift to me.

- She made me a cup of coffee. 그녀는 나에게 커피 한 잔을 타 주었다.
  → She made a cup of coffee for me.

- I asked him a question. 나는 그에게 질문을 하나 했다.
  → I asked a question of him.

❷ that절을 직접목적어로 취할 수 있는 4형식 동사

convince, inform, promise, remind, show, tell, teach + IO + that절
→ IO + be [convinced, informed, promised, reminded, shown, told, taught] + that절

- Cindy convinced me that she could make it on time.
  Cindy는 나에게 자신이 제시간에 도착할 수 있다고 확신시켰다.

- The doctor informed the patient that he had cancer.
  의사는 환자에게 그가 암에 걸렸다고 알려주었다.

- John reminded Mary that she should get there early.
  John은 Mary에게 그녀가 그곳에 일찍 도착해야 한다고 상기시켰다.

- He told us that he had found a new job.
  그는 우리에게 새 직장을 구했다고 말했다.

- My uncle taught me that we only face one side of the moon.
  내 삼촌은 나에게 우리가 달의 한쪽 면만 마주 보고 있다고 가르쳐 주었다.

cf ask는 4형식 구조에서 that절을 직접목적어(DO)로 취할 수 없으며, 의문사절이나 whether절, if절 등 다른 명사절의 형태가 온다.

- She asked me where the nearest bus stop was.
  그녀는 나에게 가장 가까운 버스 정류장이 어디인지 물었다.

- I asked my friend if he could help me with the move.
  나는 내 친구에게 이사를 도와줄 수 있는지 물었다.

3 4형식 동사로 착각하기 쉬운 3형식 동사

아래 동사들은 해석상 '~에게 ~을 V하다'라는 의미를 가질 수 있어 4형식 동사로 착각할 수 있으나, 반드시 3형식 동사로 써야 한다. 따라서 '~에게'에 해당하는 사람 명사 앞에는 전치사 to가 필요하다.

say / mention	말하다	
explain	설명하다	(to + 사람) + 명사(구)(절)
suggest / propose	제안하다	
announce	발표하다	

- He said to me that he would be late for the meeting.
  그는 나에게 회의에 늦을 거라고 말했다.

- The student explained to his teacher the reason for his absence last week.
  그 학생은 지난주 결석한 이유를 선생님께 설명했다.

- I suggested to him that we go for a hike this weekend.
  나는 그에게 이번 주말에 하이킹을 가자고 제안했다.

5형식 (S + V + O + OC)

5

5형식은 '주어 + 동사 + 목적어'만으로 완전하지 않아 목적어의 의미를 보충해 주는 목적격 보어가 뒤에 붙는 형태이며, 5형식 동사를 불완전타동사라고 한다. 목적격 보어 자리에는 명사나 형용사가 올 수 있으며, 원형부정사나 to 부정사가 오기도 한다.

① 목적격 보어에 형용사가 주로 오는 동사 ➡ 목적격 보어 자리에 부사 ✖

make, find, keep, think + O + 형용사

- She made her parents happy.
  그녀는 부모님을 행복하게 만들었다.

- I found this book difficult.
  나는 이 책이 어렵다고 느꼈다.

- He always keeps his car clean.
  그는 자신의 차를 항상 깨끗하게 유지한다.

- I think it important.
  나는 그것이 중요하다고 생각한다.

② 목적격 보어에 명사가 주로 오는 동사

call, name, consider, elect + O + 명사

- Students call me "Shimson."
  학생들은 나를 'Shimson'이라고 부른다.

- They named her "the Queen of Pop."
  그들은 그녀를 '팝의 여왕'이라고 이름 붙였다.

- People consider him a fool.
  사람들은 그를 바보라고 여긴다.

- We elected him President.
  우리는 그를 대통령으로 선출했다.

심슨쌤 꿀팁!

S + V + O + [형용사 vs 부사]

동사가 3형식인지 5형식인지 모를 수 있다. 그럴 경우 해석상 목적어에 대한 보충 설명이면 형용사가 오고, 동사를 수식하면 부사가 온다.

- **He** made **a chair** <u>quickly</u>. 그는 의자를 빨리 만들었다.
  ⋯› 빠르게(quickly) 만드는(make) 것이므로 부사 quickly (형용사 quick ❌)

- **The movie** made **the students** <u>sad</u>. 그 영화는 학생들을 슬프게 만들었다.
  ⋯› 목적어인 학생들(the students)이 슬픈(sad) 것임을 보충 설명하므로 형용사 sad (부사 sadly ❌)

- **She** read **two books** <u>slowly</u>. 그녀는 책 두 권을 천천히 읽었다.
  ⋯› 천천히(slowly) 읽는(read) 것이므로 부사 slowly (형용사 slow ❌)

③ 지각동사

watch / see	보다	
notice	알아채다	+ O + <u>RV·RVing (능동)</u> / <u>p.p. (수동)</u>
hear / listen to	듣다	
feel	느끼다	

- **I** watched **him** <u>water[watering]</u> **the garden.**
  나는 그가 정원에 물을 주는 것을 보았다.

- **We** noticed **them** <u>come[coming]</u> **in.**
  우리는 그들이 들어오는 것을 알아챘다.

- **I** heard **my name** <u>called</u>.
  나는 내 이름이 불리는 것을 들었다.

- **She** felt **the rain** <u>drop[dropping]</u> **on her face.**
  그녀는 얼굴에 빗방울이 떨어지는 것을 느꼈다.

④ 사역동사

make	~하게 만들다	+ O + RV (능동) / p.p. (수동)
have	~하게 하다	
let	~하도록 허락하다	+ O + RV (능동) / be p.p. (수동)

- His failure in business made him <u>drink</u> a lot.
  사업 실패로 그는 술을 많이 마셨다.

- I will have her <u>call</u> you.
  그녀가 당신에게 전화하도록 할게요.

- She let herself <u>be swept</u> along by the crowd.
  그녀는 사람들 무리에 휩쓸려 가는 대로 가만히 있었다.

cf 지각동사·사역동사의 수동태

지각동사와 사역동사를 수동으로 바꿀 때 목적격 보어로 쓰인 원형부정사를 반드시 to RV로 바꿔야 한다.

$$S + 지각/사역동사 + O + RV$$
$$\rightarrow O + be\ p.p. + \underline{to\ RV}\ (+ by\ S)$$

- He was seen <u>to come</u> out of the house.
  그가 집 밖으로 나오는 것이 보였다.

- Peter was made <u>to wait</u> outside by me.
  나는 Peter를 밖에서 기다리게 했다.

⑤ 준사역동사

$$get + O + \underline{to\ RV}\ (능동) / \underline{p.p.}\ (수동)$$

- I can't get that child <u>to go</u> to bed.
  나는 저 아이를 재울 수가 없다.

- Tom got his license <u>taken away</u> for driving too fast.
  Tom은 과속 때문에 면허증을 압수당했다.

	help + (O) + (to) RV

- Many people helped (to) put out the fire.
  많은 사람들이 불을 진화하는 것을 도와주었다.

- Many people helped us (to) put out the fire.
  많은 사람들이 우리가 불을 진화하는 것을 도와주었다.

6 **목적격 보어에 to 부정사를 사용하는 동사: COREAF/P**

C	cause 야기하다, ~하게 하다	compel 강요하다	–
O	order 명령하다	–	–
R	require 요구하다	–	–
E	enable 가능하게 하다	expect 기대[요구]하다	encourage 격려하다
A	ask 부탁하다	allow 허락하다	advise 충고하다
F/P	force 강요하다	permit 허락하다	persuade 설득하다

- The heavy rain caused the streets to flood.
  폭우는 거리가 범람하게끔 했다.

- Lisa ordered me to do the laundry.
  Lisa는 나에게 빨래를 하라고 명령했다.

- I won't enable him to behave like that.
  나는 그가 그렇게 행동하게 두지 않을 것이다.

- They expect her to arrive soon.
  그들은 그녀가 곧 도착하기를 기대한다.

- I asked him to help us.
  나는 그에게 우리를 도와 달라고 부탁했다.

- Good teamwork allows projects to progress smoothly.
  좋은 팀워크는 프로젝트가 매끄럽게 진행되도록 해준다.

- The company forced its employees to work overtime.
  회사는 직원들에게 야근을 강요했다.

- I persuaded my daughter to study more.
  나는 나의 딸이 더 공부하도록 설득했다.

구조와 해석에 주의해야 할 동사

6

1 분리·박탈 동사 + A + of + B 'A에게서 B를 V하다'

rob	강탈하다	deprive	박탈하다	relieve	덜어 주다

- He tried to rob her <u>of</u> her share of her father's estate.
  그는 그녀에게서 아버지의 재산 중 그녀의 몫을 강탈하려고 애썼다.

- His death deprived me <u>of</u> the last hope.
  그의 죽음이 나에게서 마지막 희망마저 빼앗아 갔다.

- My mother relieves me <u>of</u> the burden.
  우리 엄마는 나에게서 부담을 덜어 준다.

2 인지 동사 + A + of + B 'A에게 B를 V하다'

convince	확신[납득]시키다	inform	알리다	remind	상기시키다
warn	경고하다	assure	확신시키다	notify	통보하다

* of B 대신에 that절 또한 쓸 수 있다.

- We could convince kids <u>of</u> the dangers of smoking through education efforts.
  우리는 교육 활동을 통해 아이들에게 흡연의 위험성을 납득시킬 수 있었다.

- She informed them <u>of</u> the news about the strong typhoon.
  그녀는 그들에게 강력한 태풍에 대한 소식을 알렸다.

- It reminds me <u>of</u> the memories of the past 24 years.
  그것은 내게 지난 24년의 기억을 상기시켜 준다.

- The school notified parents <u>of</u> the upcoming school closure.
  학교는 학부모들에게 다가오는 휴교를 통보했다.

3 제공·교체 동사 + A + with + B 'A에게 B를 V하다'

provide	제공하다	supply	공급하다
present	주다	equip	갖추게 하다

- Newspapers provide us <u>with</u> useful information.
  신문은 우리에게 유용한 정보를 제공한다.

- Foreign governments supplied the rebels <u>with</u> weapons.
  외국 정부들이 그 반군들에게 무기를 공급했다.

- He presented his colleague <u>with</u> a set of golf clubs.
  그는 자기 동료에게 골프채 한 세트를 줬다.

4 **금지·억제 동사 + A + from + RVing** 'A가 ~하는 것을 못 하게 하다'

prevent	막다, 예방하다	prohibit	금지하다	discourage	막다, 단념시키다
stop	막다	keep	막다	deter	단념하게 하다

- The noise prevented her <u>from sleeping</u> last night.
  소음으로 인해 그녀는 어젯밤에 잠을 잘 수가 없었다.

- The school prohibits students <u>from using</u> cell phones in class.
  학교는 학생들이 수업 시간에 휴대전화를 사용하는 것을 금지한다.

- The doctor stopped the patient <u>from smoking</u>.
  의사는 그 환자가 담배를 피우는 것을 막았다.

- The heavy rain kept us <u>from going</u> out.
  폭우는 우리가 외출하는 것을 막았다.

- Failure didn't deter him <u>from trying</u> again.
  실패는 그가 다시 도전하는 것을 단념시키지 못 했다.

심슨쌤 꿀팁!

keep + A + RVing

keep은 'A가 계속 ~하게 하다'의 의미를 가지는 'keep + A + RVing'의 형태로도 사용이 가능하다. 따라서 'A가 ~하는 것을 못 하게 하다'의 의미인 'keep + A + from + RVing'와의 구분에 유의해야 한다.

- She keeps her children <u>laughing</u> with her funny stories.
  그녀는 재미있는 이야기로 자녀들이 계속 웃게 한다.

- They kept the fire <u>burning</u> throughout the cold night.
  그들은 추운 밤 내내 불이 계속 타오르도록 했다.

착각하기 쉬운 동사

7 ① 의미와 자·타 구분이 필요한 동사

현재형	과거형	과거분사	현재분사	의미
lie	lay	lain	lying	㉙ 눕다; 놓여 있다
lay	laid	laid	laying	㉕ ~을 눕히다, 놓다; 낳다
lie	lied	lied	lying	㉙ 거짓말하다
rise	rose	risen	rising	㉙ 오르다, 뜨다
raise	raised	raised	raising	㉕ ~을 들어올리다; 인상하다
arise	arose	arisen	arising	㉙ 일어나다, 발생하다
sit	sat	sat	sitting	㉙ 앉다
seat	seated	seated	seating	㉕ ~을 앉히다
wait	waited	waited	waiting	㉙ 기다리다
await	awaited	awaited	awaiting	㉕ ~을 기다리다

- Seohee laid her book on the table.
  Seohee는 그녀의 책을 탁자 위에 놓았다.

- You must raise your hand before asking a question.
  질문을 하기 전 반드시 손을 들어야 한다.

- Several problems have arisen due to the new members.
  새로운 회원들 때문에 몇 가지 문제들이 발생했다.

- The mother carefully seated her baby in the back seat.
  엄마가 조심스럽게 아기를 뒷자석에 앉혔다.

- I like that you will await me.
  나는 당신이 나를 기다릴 것이라는 게 좋다.

② **accuse** vs **charge** → 전치사의 구분

accuse A <u>of</u> B	charge A <u>with</u> B

- They accused him <u>of</u> drunk driving.
  = They charged him <u>with</u> drunk driving.
  그들은 그가 음주 운전한 것에 대해 비난했다.

③ **borrow** vs **lend** → 의미와 형식의 구분

borrow A (from B)	(B에게서) A를 빌리다 (3형식)
lend A B	A에게 B를 빌려주다 (4형식)

- I borrowed his book.
  나는 그의 책을 빌렸다.

- He lent me his book.
  그가 나에게 그의 책을 빌려주었다.

Exercise

[01 - 25] 다음 중 어법상 적절한 것을 고르시오.

01   Real estate prices have [**risen / raised**] rapidly.

02   My sister [**married / married with**] a gentleman.

03   John [**said / told**] Mary that he would leave early.

04   Please [**discuss / discuss about**] it with your father.

05   Water [**consists / consists of**] oxygen and hydrogen.

06   Though it sounds [**strange / strangely**], it is quite true.

07   Don't let me [**distracted / be distracted**] by the noise you make.

01 risen

해설 뒤에 목적어가 없으므로 '오르다'라는 뜻의 완전자동사 rise가 와야 하며, 동사의 시제가 현재완료시제(have p.p.)이므로 rise의 과거분사형 risen 이 적절하다.

해석 부동산 가격이 급격히 상승했다.

02 married

해설 완전타동사 marry는 전치사 없이 목적어를 바로 취하므로, married가 적절하다. 목적어를 넣어 '~와 결혼하다'라고 해석되어도 뒤에 전치사 with 가 올 수 없음에 유의한다.

해석 내 여동생은 신사와 결혼했다.

03 told

해설 say는 4형식으로 쓸 수 없는 3형식 타동사로, 바로 뒤에 사람 명사가 올 경우 전치사 to를 함께 써야 한다. 그러나 tell은 4형식 동사로, 바로 뒤에 간 접목적어 역할의 사람 명사와 직접목적어 역할의 명사절 that절을 취하므로 과거시제로 쓰인 4형식 동사 told가 적절하다.

해석 John은 Mary에게 일찍 떠나겠다고 말했다.

04 discuss

해설 완전타동사 discuss는 전치사 없이 목적어를 바로 취하므로, discuss가 적절하다. 목적어를 넣어 '~에 대해 토론[상의]하다'라고 해석되어도 뒤에 전치사 about이 올 수 없음에 유의한다.

해석 그 일에 대해서 아버지와 함께 상의해 보세요.

05 consists of

해설 동사 consist는 자동사로, 목적어를 가지려면 반드시 전치사가 있어야 한다. 따라서 '~으로 구성되다[이루어져 있다]'라는 뜻인 consists of가 적 절하다.

해석 물은 산소와 수소로 이루어져 있다.

06 strange

해설 2형식 오감 동사 sound는 형용사 보어를 취하므로, 형용사 strange가 적절하다.

해석 이상하게 들리겠지만, 그것은 정말 사실이다.

07 be distracted

해설 사역동사 let은 목적어와 목적격 보어의 관계가 수동일 경우 목적격 보어 자리에 be p.p.를 써야 하므로 be distracted가 적절하다.

해석 네가 내는 소음에 내가 정신을 빼앗기게 하지 말아라.

08   We don't **[allow / let]** the students to have visitors after ten o'clock.

09   I found his opinion about the issue **[different / differently]** from mine.

10   Students with poor eyesight should **[sit / seat]** in front of the second line.

11   We must have the right **[express / to express]** our thoughts and emotions.

12   My sweet-natured daughter suddenly became **[unpredictable / unpredictably]**.

13   I had my son **[wash / to wash]** the windows before he could go outside to play.

08 allow

해설 allow는 5형식 동사로 쓰이는 경우 목적격 보어로 to 부정사를 취하는 동사이다. 따라서 목적격 보어 자리에 to have가 있으므로 동사는 allow가 적절하다. 참고로, 사역동사 let은 목적격 보어 자리에 원형부정사 RV 혹은 be p.p.가 와야 한다.

해석 우리는 학생들이 10시 이후에 방문객을 받도록 허락하지 않는다.

09 different

해설 find가 5형식 동사로 쓰이는 경우, 목적격 보어로 부사는 올 수 없고 형용사가 올 수 있다. 또한 알게 되는 동작이 다른 것이 아니라 목적어인 그의 의견이 (나와) 다른 것이므로, different가 적절하다.

해석 나는 그 문제에 대한 그의 의견이 내 의견과 다르다는 것을 알게 되었다.

10 sit

해설 뒤에 목적어가 없으므로 '앉히다'라는 뜻의 타동사 seat이 아닌 '앉다'라는 뜻의 완전자동사 sit이 적절하다.

해석 시력이 좋지 않은 학생들은 두 번째 줄 앞에 앉아야 한다.

11 to express

해설 have를 '(~하도록) 시키다'를 뜻하는 5형식 사역동사로 볼 경우, 해석이 '우리는 권리가 우리의 생각과 감정을 표현하게 시킨다'가 되어 어색한 문장이 된다. 하지만 3형식 타동사 have(가지다)로 보고 to express가 앞에 나온 명사 the right를 수식하는 구조인 경우, 해석이 '우리는 우리의 생각과 감정을 표현할 권리를 가진다'로 되어 자연스럽다. 따라서 여기서 have는 3형식 타동사로 봐야 하므로 원형부정사 express가 아닌 to 부정사 to express가 적절하다.

해석 우리는 우리의 생각과 감정을 표현할 권리가 있어야 한다.

12 unpredictable

해설 2형식 동사 become은 형용사 보어를 취하므로, 주격 보어로 형용사 unpredictable이 적절하다.

해석 나의 다정한 딸이 갑자기 예측불허로 변했다.

13 wash

해설 사역동사 have의 목적격 보어 자리에는 원형부정사를 써야 하므로, wash가 적절하다.

해석 나는 아들이 밖에 나가서 놀기 전에 창문을 닦게 했다.

14 We had much snow yesterday, which caused lots of people **[slip / to slip]** on the road.

15 The heartwarming gesture made the musician **[grateful / gratefully]** with tears in his eyes.

16 The manager refused to **[explain / explain to]** us the reason why he cancelled the meeting.

17 While the results may seem **[intuitive / intuitively]**, the study is one of the first to provide evidence.

18 The school will start a program designed to deter kids **[to watch / from watching]** TV too much.

19 Furthermore, e-mail enables you **[sends / to send]** a single message to many people at the same time.

14 to slip

> 해설 5형식 동사 cause는 목적격 보어로 to 부정사를 취하므로, to slip이 적절하다.

> 해석 어제 눈이 많이 와서 많은 사람들이 길에서 미끄러졌다.

15 grateful

> 해설 make가 5형식 동사로 쓰이는 경우, 목적격 보어로 부사는 올 수 없고 형용사가 올 수 있다. 또한 만드는 동작이 감사한 것이 아니라 목적어인 연주자가 감사한 것이므로, grateful이 적절하다.

> 해석 그 따뜻한 마음이 담긴 손길은 연주자가 눈물을 흘리며 고마움을 표하게 만들었다.

16 explain to

> 해설 explain은 4형식으로 쓸 수 없는 3형식 타동사로, 뒤에 목적어 역할을 하는 명사 the reason이 있으므로 '~에게'에 해당하는 사람 명사 us 앞에 전치사 to를 써야 한다. 따라서 explain to가 적절하다.

> 해석 그 관리자는 우리에게 그가 회의를 취소한 이유에 대해 설명하는 것을 거부했다.

17 intuitive

> 해설 2형식 판단·입증 동사 seem은 형용사 보어를 취하므로, 주격 보어로 형용사 intuitive가 적절하다.

> 해석 그 결과가 직관적으로 보일 수도 있지만, 그 연구는 증거를 제공하는 최초의 연구 중 하나이다.

18 from watching

> 해설 금지·억제 동사인 deter는 'deter + A + from RVing'의 3형식 구조를 갖는다. 따라서 from watching이 적절하다.

> 해석 학교는 어린이들의 과도한 TV 시청을 막기 위해 고안된 프로그램을 시작할 것이다.

19 to send

> 해설 enable은 목적격 보어로 to 부정사를 취하는 동사이므로, to send가 적절하다.

> 해석 게다가, 이메일은 네가 동시에 많은 사람들에게 한 메시지를 보내는 것을 가능하게 해 준다.

20 Even externally they are different from newspapers, mainly because magazines **[resemble / resemble like]** a book.

21 I **[convinced them / convinced to them]** that buying pumpkin cake would be even easier than making it from scratch.

22 She was seen _____ the street by the police officer.
① cross   ② to cross   ③ crosses   ④ crossed

23 I helped my wife _____ the dishes before our guests arrived for dinner.
① do   ② doing   ③ done   ④ to be done

24 The fear of getting hurt didn't prevent him _____ in reckless behaviors.
① to engage   ② engaging   ③ from engaging   ④ into engaging

25 A woman with the tip of a pencil stuck in her head has finally had it _____.
① remove   ② to remove   ③ removed   ④ to be removed

20 resemble

해설 완전타동사 resemble은 전치사 없이 목적어를 바로 취하므로, resemble이 적절하다.

해석 외관상으로도 잡지는 신문과 다른데, 주로 잡지는 책을 닮았기 때문이다.

21 convinced them

해설 convince는 4형식 동사로 쓰일 경우 전치사 없이 간접목적어를 취하므로, convinced them이 적절하다. 참고로, 4형식 동사 convince의 직접목적어로 명사절 that절이 쓰인 구조이다.

해석 나는 그들에게 호박 케이크를 사는 것이 그것을 맨 처음부터 만드는 것보다 훨씬 더 쉬울 것이라고 납득시켰다.

22 ② to cross

해설 지각동사 see는 능동태일 때 목적격 보어 자리에 원형부정사를 쓰지만, 수동태가 될 경우 원형부정사는 to 부정사로 바뀌어야 한다. 따라서 빈칸에는 to cross가 와야 한다.

해석 그녀가 길을 건너는 것이 경찰에게 목격되었다.

23 ① do

해설 준사역동사 help는 목적격 보어로 (to) RV를 취하고, 목적어인 아내가 '설거지하는' 것이므로 (to) do가 적절하다. 따라서 빈칸에는 do가 와야 한다.

해석 나는 손님들이 저녁 식사를 위해 도착하기 전에 아내가 설거지하는 것을 도왔다.

24 ③ from engaging

해설 금지·억제 동사인 prevent는 'prevent + A + from RVing'의 3형식 구조를 갖는다. 따라서 빈칸에는 from engaging이 와야 한다.

해석 다칠 것에 대한 두려움은 그가 무모한 행동을 하는 것을 막지 못했다.

25 ③ removed

해설 사역동사 have의 목적격 보어 자리에는 목적어와 목적격 보어의 관계가 능동이면 원형부정사를, 수동이면 p.p.를 쓴다. 여기서는 해석상 그것(연필)이 '제거되는' 것이므로, 빈칸에는 removed가 와야 한다.

해석 머리에 연필 끝이 박힌 여자가 마침내 그것을 제거했다.

수일치

기본개념 잡기

일반적으로 명사에 -(e)s를 붙이면 복수 명사, 동사에 -(e)s를 붙이면 단수 동사이다. 동사가 현재시제일 때 3인칭 단수 주어(she, he, it 포함)에는 단수 동사를, 그 외의 주어(I, you)와 복수 주어(we, they 포함)에는 복수 동사를 사용하여 수일치한다.

단수 주어(N) + 단수 동사(Vs/Ves)

- He <u>sings</u> beautifully in the choir every Sunday.
  그는 매주 일요일 합창단에서 아름답게 노래한다.

- It <u>rains</u> heavily during the summer monsoon season.
  여름 장마철에는 비가 많이 내린다.

- Jane <u>has</u> a lot of experience in customer service.
  Jane은 고객 서비스에 많은 경험을 가지고 있다.

- The dog <u>barks</u> loudly whenever someone <u>approaches</u> the door.
  그 개는 누군가 문 앞에 다가설 때마다 시끄럽게 짖는다.

복수 주어(Ns/Nes) + 복수 동사(V)

- They <u>play</u> soccer in the park every weekend.
  그들은 주말마다 공원에서 축구를 한다.

- The chefs <u>cook</u> delicious meals every day.
  요리사들은 매일 맛있는 식사를 요리한다.

- The students <u>have</u> a lot of energy.
  학생들은 많은 에너지를 가지고 있다.

- The dogs <u>bark</u> loudly when they <u>hear</u> a strange noise.
  개들은 이상한 소리를 들으면 크게 짖는다.

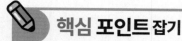
핵심 포인트 잡기

Point

1 진짜 주어를 찾아 수일치

① ### 주어와 동사 간 거리가 먼 경우

주어와 동사 사이에 주어를 수식하는 '전치사 + 명사구 / 부정사구 / 분사구 / 관계사절' 등이 올 수 있다. 이 경우 수식어구를 괄호 처리하여 진짜 주어가 무엇인지 찾아 동사를 수일치 시킨다.

- The students (in the classroom) <u>are</u> studying for the exam.
  교실에 있는 학생들은 시험공부를 하고 있다.

- The capacity (to adapt to new environments) <u>is</u> essential for survival.
  새로운 환경에 적응하는 능력이 생존을 위해서는 필수적이다.

- The best way (to understand people) <u>is</u> to listen with empathy.
  사람들을 이해하는 가장 좋은 방법은 공감하며 들어 주는 것이다.

- The beaches (stretching for miles along the coastline) <u>are</u> peaceful.
  해안선을 따라 길게 뻗은 해변은 평화롭다.

- The clothes (designed by the famous fashion designer) <u>are</u> elegant.
  유명한 패션 디자이너가 디자인한 그 옷들은 우아하다.

- People (who exercise regularly) <u>are</u> generally healthier.
  규칙적으로 운동하는 사람들은 일반적으로 더 건강하다.

② ### 주어와 동사가 도치된 경우

'부정어(never, little, hardly, scarcely, no sooner 등) / only + 부사(구) / 장소·방향의 부사구 / 유도부사 There[Here]' 등이 문두에 위치하는 경우에는 주어와 동사가 도치되는데, 이때 수일치에 유의해야 한다.

- Never <u>has</u> she felt a sense of accomplishment.
  그녀는 한 번도 성취감을 느끼지 못했다.

- Only in the early morning <u>do</u> the birds sing their sweet melodies.
  그 새들은 이른 아침에만 그들의 감미로운 선율을 노래한다.

- Between the two buildings <u>stands</u> a big tree.
  두 건물 사이에 큰 나무가 서 있다.

- There <u>were</u> nearly 5.6 million open jobs at the end of May.
  5월 말에 거의 560만 개의 일자리가 있었다.

Point

2 동명사구·to 부정사구·명사절 주어의 수일치

동명사구·to 부정사구·명사절 주어는 단수 동사로 수일치한다.

- Exercising frequently <u>is</u> good for our health.
  자주 운동하는 것은 우리의 건강에 좋다.

- Checking your phone every five minutes <u>is</u> an addictive behavior.
  5분마다 휴대폰을 확인하는 것은 중독적인 행동이다.

- To save enough money to buy a house <u>is</u> very important to married couples.
  집을 살 정도의 충분한 돈을 저축하는 것은 부부들에게 매우 중요하다.

- That a company offers competitive salaries <u>does</u> not guarantee employee satisfaction.
  회사가 경쟁력 있는 급여를 제공한다는 것이 직원의 만족도를 보장한다는 것은 아니다.

- What matters most in the majority of organizations <u>is</u> having competent managers.
  대다수의 기관에서 가장 중요한 것은 유능한 관리자들을 두는 것이다.

Point

3 관계대명사절 내 동사의 수일치

관계대명사절 내 동사의 수일치는 선행사에 의해 결정된다.

- The person who <u>lives</u> next door is a doctor.
  옆집에 사는 그 사람은 의사이다.

- I like people who <u>have</u> a good sense of humor.
  나는 유머 감각이 좋은 사람들을 좋아한다.

관계대명사 앞에 전치사구가 있으면, 선행사가 전치사 앞 명사인지 뒤 명사인지 해석을 통해 구분해야 한다.

- The books on the table which <u>are</u> written by a renowned author are very interesting.
  테이블 위에 있는 저명한 작가에 의해 쓰인 책들은 매우 흥미롭다.

Point

4 a number of vs the number of

	많은	~의 수[양]
가산명사	a number of + 복수 명사 + 복수 동사	the number of + 복수 명사 + 단수 동사
불가산명사	an amount of + 단수 명사 + 단수 동사	the amount of + 단수 명사 + 단수 동사

- A number of social factors <u>influence</u> life expectancy.
  많은 사회적 요인들이 기대 수명에 영향을 미친다.

- The number of **stars** in the universe **is** incalculable.
  우주에 있는 별의 수는 셀 수 없을 정도로 많다.

- An amount of **money was** allocated for the renovation project.
  보수 프로젝트에 많은 돈이 할당되었다.

- The amount of **traffic has** greatly increased during rush hour.
  출퇴근 시간대 교통량이 크게 늘었다.

Point
5 'one of 명사'의 수일치

one, each, either, neither + of + 복수 명사 + 단수 동사

- **One** of the most valuable life skills **is** effective communication.
  가장 가치 있는 삶의 기술 중 하나는 효과적인 의사소통이다.

- **Each** of the seven days of the week **has** a mythological origin.
  일주일의 각 요일은 신화적 기원을 가지고 있다.

- **Either** of his parents **is** Korean.
  그의 부모님 중 한 분이 한국인이시다.

- **Neither** of my siblings **enjoys** spicy food.
  나의 형제들은 둘 다 매운 음식을 즐기지 않는다.

Point
6 '부분명사 of 전체명사'의 수일치

'부분명사 of 전체명사'의 경우 of 뒤의 전체명사에 동사의 수를 일치시킨다.

'부분'을 나타내는 부정대명사		all, most, some, any	+ of	복수 명사 + 복수 동사 단수 명사 + 단수 동사
부분명사	일부	half, part, the rest		
	분수	one third, three fourths		
	백분율	30 percent		

* all, half의 경우, 뒤의 of가 생략될 수 있다.

- **All** (of) the information **was** false.
  모든 정보는 거짓이었다.

- **Most** of the suggestions made at the meeting **were** not very practical.
  회의에서 나온 대부분의 제안은 그리 실용적이지 않았다.

- Some of the people in this area have a unique accent.
  이 지역 사람들 중 일부는 독특한 억양을 가지고 있다.

- Half (of) the employees commute to work by subway.
  직원들의 절반은 지하철로 통근한다.

- Part of the information was ambiguous.
  그 정보의 일부분은 모호했다.

- The rest of the students are chatting in the cafeteria.
  나머지 학생들은 구내식당에서 수다를 떨고 있다.

- A tenth of the automobiles in this district were stolen last year.
  이 지역에 있는 자동차의 10분의 1이 작년에 도난당했다.

- Two-thirds of the books on the shelf belong to the science fiction genre.
  책꽂이에 있는 책의 3분의 2는 공상 과학 장르에 속한다.

- Nearly 45 percent of the electorate opposes the candidate's policy.
  유권자의 거의 45%가 그 후보의 정책에 반대한다.

Point 7 상관접속사로 연결된 주어의 수일치

상관접속사로 연결된 주어의 경우, 해석을 통해 진짜 무게 중심이 어디인지를 파악하여 A, B 중 의미상 무게 중심을 두는 쪽에 수일치 시킨다.

항상 복수	both A and B	A와 B 둘 다
B에 수일치	A or B either A or B	A 또는 B가
	neither A nor B	A도 B도 아닌
	not A but B	A가 아니라 B가
	not only A but (also) B B as well as A	A뿐만 아니라 B도

- Both he and his wife now live in Japan.
  그와 그의 아내는 둘 다 현재 일본에 살고 있다.

- Either she or you are wrong.
  그녀와 당신 둘 중 하나는 틀렸다.

- Not her sisters but she often cooks dinner for the family.
  그녀의 자매들이 아니라 그녀가 종종 가족을 위해 저녁을 요리한다.

- **Neither the teacher nor** the students <u>were</u> satisfied with the test results.
  선생님도 학생들도 시험 결과에 만족하지 못했다.

- **Not only she but also** I <u>am</u> interested in English.
  그녀뿐만 아니라 나도 영어에 관심이 있다.

- **You** as well as the man <u>are</u> responsible for the failure.
  그 남자뿐만 아니라 당신도 그 실패에 책임이 있다.

Point

8

A and B

주어 자리에 A and B가 나온 경우 복수 동사로 수일치하는 것이 원칙이다. 다만 A and B가 지칭하는 것이 동일한 인물[사물]일 경우 단수 동사로 수일치하는 점에 유의한다.

별개의 두 인물[사물]	A and B	+ 복수 동사
	관사 + A + and + 관사 + B	
동일 인물[사물]	관사 + A and B	+ 단수 동사

- **He and I** <u>are</u> the same age.
  그와 나는 동갑이다.

- **A scholar and** a writer <u>are</u> talking about a serious issue.
  학자와 작가가 심각한 쟁점에 대해 이야기하고 있다.

- **My** colleague and friend <u>is</u> coming to see us.
  나의 동료이자 친구가 우리를 만나러 오고 있다.

Exercise

[01 - 20] 다음 중 어법상 적절한 것을 고르시오.

01   One of every two Americans [**is** / **are**] overweight.

02   What makes her life healthy [**is** / **are**] getting enough sleep.

03   Those who never make it [**is** / **are**] those who quit too soon.

04   A man that is standing behind trees [**is** / **are**] a little strange.

05   There [**was** / **were**] much discussion about the reasons for the failure.

06   The computers that we purchased in the store [**was** / **were**] expensive.

07   Most of the employees [**doesn't** / **don't**] have medical checkups regularly.

01 is

해설 '~중 하나'라는 뜻의 'one of + 복수 명사'는 주어 자리에 오면 뒤에 단수 동사로 수일치하므로, 동사 is가 적절하다.

해석 미국인 두 명 중 한 명은 과체중이다.

02 is

해설 명사절이 주어 자리에 오면, 동사는 단수 동사로 수일치한다. 따라서 문장의 주어가 관계대명사 What이 이끄는 명사절이므로, 동사는 is가 적절하다.

해석 그녀의 삶을 건강하게 만드는 것은 충분한 수면을 취하는 것이다.

03 are

해설 문장의 주어는 복수 명사인 Those(사람들)이고, who부터 it까지는 주어를 꾸미는 관계대명사절이므로 동사는 are가 적절하다.

해석 절대 성공하지 못하는 사람들은, 너무 빨리 그만두는 사람들이다.

04 is

해설 문장의 주어는 단수 명사인 A man이고, that부터 trees까지는 주어를 꾸미는 관계대명사절이므로 동사는 is가 적절하다.

해석 나무 뒤에 서 있는 남자는 좀 이상하다.

05 was

해설 유도부사 there이 문장 앞에 위치하면 주어와 동사의 위치가 바뀌기 때문에 동사 다음에 오는 주어에 동사의 수를 일치시켜야 한다. 따라서 단수 명사 discussion이 주어이므로 동사는 was가 적절하다.

해석 실패의 원인에 대한 많은 토론이 있었다.

06 were

해설 문장의 주어는 복수 명사인 The computers이고, that부터 store까지는 주어를 꾸미는 관계대명사절이므로 동사는 were가 적절하다.

해석 우리가 상점에서 구입한 컴퓨터들은 비쌌다.

07 don't

해설 '부분명사 + of + 전체명사'가 주어로 오는 경우, of 뒤의 명사에 동사의 수를 일치시킨다. 전체명사는 복수 명사인 the employees이므로, don't가 적절하다.

해석 대부분의 직원들은 정기적으로 건강 검진을 받지 않는다.

08 A third of my classmates **[is / are]** going to look for jobs after graduation.

09 Three fourths of this area **[lacks / lack]** water for drinking and agriculture.

10 Some of the animals in the zoo **[was / were]** released into the animal preserve.

11 The laptop allows people who **[is / are]** away from their offices to continue to work.

12 **[A number / The number]** of students are studying very hard to get a job after their graduation.

13 Despite economic uncertainties, the number of startups launching each year **[remains / remain]** high.

14 Italian Alessandro Volta found that a combination of silver, copper, and zinc **[was / were]** ideal for producing an electrical current.

08 are

해설 '부분명사 + of + 전체명사'가 주어로 오는 경우, of 뒤의 명사에 동사의 수를 일치시킨다. 전체명사는 복수 명사인 my classmates이므로, are가 적절하다.

해석 내 급우들 중 3분의 1이 졸업 후 직장을 알아볼 예정이다.

09 lacks

해설 '부분명사 + of + 전체명사'가 주어로 오는 경우, of 뒤의 명사에 동사의 수를 일치시킨다. 전체명사는 단수 명사인 this area이므로, lacks가 적절하다.

해석 이 지역의 4분의 3은 식수와 농업용수가 부족하다.

10 were

해설 '부분명사 + of + 전체명사'가 주어로 오는 경우, of 뒤의 명사에 동사의 수를 일치시킨다. 전체명사는 복수 명사인 the animals이므로, were가 적절하다.

해석 동물원의 몇몇 동물들은 동물 보호 구역에 방사되었다.

11 are

해설 주격 관계대명사 who의 선행사는 복수 명사인 people이고 관계대명사절의 동사는 선행사에 수일치시키므로 are가 적절하다.

해석 노트북은 사무실을 떠나 있는 사람들이 계속 일할 수 있게 해준다.

12 A number

해설 '많은'이라는 뜻의 a number of 뒤에는 '복수 명사 + 복수 동사'를 써야 하며, '~의 수'라는 뜻의 the number of 뒤에는 '복수 명사 + 단수 동사'를 써야 한다. 따라서 복수 명사 students와 복수 동사 are가 쓰여 있는 점과 해석상 '많은 학생들이 공부하고 있다'가 자연스러운 점을 고려할 때, A number가 적절하다.

해석 많은 학생들이 졸업 후 취직을 위해 매우 열심히 공부하고 있다.

13 remains

해설 '~의 수'라는 뜻의 the number of 뒤에는 '복수 명사 + 단수 동사'를 써야 한다. 문장의 주어가 the number (of startups)이고 launching each year는 명사 startups를 꾸미는 현재분사구이므로, 단수 동사 remains가 적절하다.

해석 경제적 불확실성에도 불구하고, 매년 창업하는 스타트업의 수는 여전히 높은 수준을 유지하고 있다.

14 was

해설 명사절 that절의 주어는 단수 명사인 a combination이므로 단수 동사인 was가 적절하다.

해석 이탈리아 출신의 Alessandro Volta는 은, 구리, 아연의 조합이 전류 생성에 이상적이라는 것을 발견했다.

15 Fish oil, which is mainly exported to Europe for use in margarine, shortening, and cooking oil, **[is / are]** another product from menhaden.

16 Either of the dancers _____ flexibility with great range.
① having   ② to have   ③ has   ④ have

17 The baby with curly hair and the baby with straight hair _____ to have different genes.
① tending   ② tendency   ③ tends   ④ tend

18 Both her work on the school plays and her dedication to teaching _____ Ms. Baker much respect.
① to gain   ② to be gained   ③ has gained   ④ have gained

19 The students as well as their teacher _____ responsible for creating an academic atmosphere.
① to be   ② being   ③ is   ④ are

20 According to a recent report, _____ sugar that Europeans consume does not vary significantly from year to year.
① a number of   ② the number of   ③ the amount of   ④ one of

15 is

해설 문장의 주어는 단수 명사인 Fish oil이고, 계속적 용법으로 쓰인 관계대명사 which부터 cooking oil까지는 주어를 꾸미는 관계대명사절이므로 동사는 is가 적절하다.

해석 마가린, 쇼트닝, 식용유의 용도로 주로 유럽에 수출되는 생선 기름은 멘헤이든(청어)으로 생산되는 또 다른 제품이다.

16 ③ has

해설 대명사 Either는 '(둘 중) 어느 하나'라는 뜻으로, 전치사 of와 함께 주어로 쓰일 때 'Either of + 복수 명사 + 단수 동사' 구조를 취한다. 따라서 빈칸에는 has가 와야 한다.

해석 두 무용수 중 한 명은 넓은 범위의 유연성을 가지고 있다.

17 ④ tend

해설 주어는 등위접속사 and로 연결된 The baby with curly hair and the baby with straight hair, 즉 두 유형의 아기를 가리키는 복수 주어이므로 문장의 동사 자리인 빈칸에는 복수 동사 tend가 와야 한다.

해석 곱슬머리를 가진 아기와 직모를 가진 아기는 유전자가 다른 경향이 있다.

18 ④ have gained

해설 'A와 B 둘 다'라는 뜻의 'both A and B'가 주어 자리에 오면 항상 복수 동사로 수일치한다. 따라서 주어인 명사구 Both her work on the school plays and her dedication to teaching 뒤 동사 자리에 해당하는 빈칸에는 have gained가 와야 한다.

해석 학교 연극에 대한 그녀의 노력과 가르치는 일에 대한 헌신 모두 Baker 씨에게 많은 존경을 얻게 했다.

19 ④ are

해설 'A뿐만 아니라 B도'라는 뜻의 'B as well as A'가 주어 자리에 오면 동사의 수는 B에 일치시킨다. 따라서 동사 자리인 빈칸에는 복수 명사 The students에 수일치한 복수 동사 are가 와야 한다.

해석 교사뿐만 아니라 학생들도 면학 분위기를 조성할 책임이 있다.

20 ③ the amount of

해설 'a number of, the number of, one of' 뒤에는 복수 명사가 와야 하는데, 빈칸 뒤에는 단수 명사 형태로 쓰인 불가산명사 sugar가 있으므로 빈칸에는 the amount of가 와야 한다.

해석 최근의 한 보고서에 따르면, 유럽인들이 섭취하는 설탕의 양은 해마다 크게 다르지는 않다.

기본 개념 잡기

> ### 능동을 수동으로 표현하기

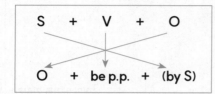

1st 능동태의 목적어를 수동태의 주어로 둔다.

2nd 동사를 'be동사 + p.p.'의 형태로 바꾼다.

3rd 능동태의 주어를 'by + 목적격'의 형태로 동사 뒤에 둔다.
(생략 가능)

- Paul threw a stone at the dog. [능동태]
  Paul이 개에게 돌을 던졌다.

  → A stone was thrown at the dog by Paul. [수동태]
  돌이 Paul에 의해 개에게 던져졌다.

> ### 수동태의 시제

현재	am/are/is + p.p.	A stone **is thrown** by Paul.
과거	was/were + p.p.	A stone **was thrown** by Paul.
미래	will be + p.p.	A stone **will be thrown** by Paul.
현재완료	has/have been + p.p.	A stone **has been thrown** by Paul.
과거완료	had been + p.p.	A stone **had been thrown** by Paul.
미래완료	will have been + p.p.	A stone **will have been thrown** by Paul.
현재진행	am/are/is being + p.p.	A stone **is being thrown** by Paul.
과거진행	was/were being + p.p.	A stone **was being thrown** by Paul.

핵심 포인트 잡기

Point 1 ## 능동 vs 수동 구별법

타동사의 목적어가 주어로 오고(O → S), 동사가 be + p.p.의 형태로 바뀌면 수동태 문장이 된다. 따라서 동사 뒤에 목적어(명사)가 있으면 능동이고, 목적어(명사)가 없으면 수동이다. 그러나 목적어의 유무로만 능·수동을 판단할 경우, 동사가 자동사로 사용되었을 때 오류를 범할 여지가 있다. 자동사의 경우 목적어가 없는 것이 당연한데, 목적어가 없어서 수동태로 쓰여야 한다고 착각할 수 있기 때문이다. 따라서 'S가 V하는지 (능동)', 'S를 V하는지(수동)'를 함께 따져 판단하는 것이 좀 더 정확하다.

$$S + V + O \rightarrow 능동$$
$$S + be \ p.p. + \boxtimes \ (+ by \ 명사) \rightarrow 수동$$

S가 V하다 ◎, S를 V하다 ✕ → 능동
S가 V하다 ✕, S가 V되다 ◎, S를 V하다 ◎ → 수동

- **A famous author** wrote **this book.**
  유명한 작가가 이 책을 썼다.
  ⋯› 작가가 쓴다 ◎, 작가를 쓴다 ✕ → 능동

- **This book** was written **by a famous author.**
  이 책은 유명한 작가에 의해 쓰였다.
  ⋯› 책이 쓴다 ✕, 책을 쓴다 ◎ → 수동

- **They** destroyed **the statue in the war.**
  그들은 그 조각상을 전쟁 중에 파괴하였다.
  ⋯› 그들이 파괴하다 ◎, 그들을 파괴하다 ✕ → 능동

- **The statue** was destroyed **in the war.**
  그 조각상은 전쟁 중에 파괴되었다.
  ⋯› 조각상이 파괴하다 ✕, 조각상을 파괴하다 ◎ → 수동

- **The world's first digital camera** was created **by Steve Sasson at Eastman Kodak in 1975.**
  세계 최초의 디지털카메라는 1975년에 Eastman Kodak에서 Steve Sasson에 의해 만들어졌다.
  ⋯› 디지털카메라가 만들다 ✕, 디지털카메라를 만들다 ◎ → 수동

- **The project** was completed **by the collaborative effort of the team.**
  그 프로젝트는 팀의 협력적인 노력으로 완료됐다.
  ⋯› 프로젝트가 완료하다 ✕, 프로젝트를 완료하다 ◎ → 수동

- **He** studied **for the math exam at the library.**
  그는 도서관에서 수학 시험을 위해 공부했다.
  ⋯› 그가 공부하다 ◎, 그를 공부하다 ✕ → 능동

2 준동사의 능·수동

준동사의 능·수동은 준동사의 의미상 주어를 먼저 파악한 후, 준동사 뒤의 '명사 유무'와 '의미상 주어와 준동사와의 관계'를 통해 판단한다.

- I want this iPad to be repaired within an hour.
  나는 이 아이패드가 한 시간 안에 수리되기를 원한다.

- She hopes for this article to be revised by her colleague.
  그녀는 이 글이 그녀의 동료에 의해 수정되기를 바란다.

- He will be the first person to be given a present tomorrow.
  그는 내일 선물을 받을 첫 번째 사람이 될 것이다.

- Reading books enhances critical thinking skills and knowledge.
  책을 읽는 것은 비판적 사고 능력과 지식을 향상시킨다.

- Luckily, she escaped from being run over by a truck last night.
  다행히 그녀는 지난 밤 트럭에 치이는 것을 모면했다.

- The company prohibited him from being promoted to vice president.
  그 회사는 그가 부회장으로 승진되는 것을 막았다.

- Studying with Shimson, we can learn English efficiently.
  Shimson과 함께 공부하면, 우리는 영어를 효율적으로 배울 수 있다.

- Written in plain English, the book has been read by many people.
  쉬운 영어로 쓰인 이 책은 많은 사람들에 의해 읽혔다.

3 4·5형식 동사의 수동태

4형식 동사는 수동태로 쓰여도 뒤에 명사가 있을 수 있다.

4형식 동사	be + [given, offered 등] + 명사

- He was given drugs to relieve the pain.
  그는 통증을 완화하기 위한 약을 받았다.

- I was really amazed when I was offered the job.
  나는 그 직업을 제안받았을 때 정말 놀랐다.

5형식 동사는 수동태로 쓰여도 뒤에 명사나 형용사가 있을 수 있다.

5형식 동사	be + [called, named, elected, considered 등] + 명사
	be + [made, kept, considered 등] + 형용사

- He is called Shimson by his students.
  그는 그의 학생들에 의해 Shimson이라고 불린다.

- **The baby** was named <u>Joseph</u> by him.
  그 아기는 그에 의해 Joseph이라고 이름이 붙여졌다.

- **She** was elected <u>vice president</u> by the committee.
  그녀는 위원회에 의해 부사장으로 선출되었다.

- **Nash** was considered <u>a genius</u>.
  Nash는 천재라고 여겨졌다.

- **The meal** was made <u>delicious</u> by the chef.
  셰프에 의해 그 식사는 맛있게 만들어졌다.

- **The pass** is kept <u>open</u> all year round.
  그 통행로는 일 년 내내 개방되어 있다.

Point **수동태로 쓸 수 없는 동사**

4 자동사(구)는 수동태로 쓸 수 없다.

come	오다	arrive	도착하다
emerge, appear	나타나다	happen, occur, arise	발생하다
exist	존재하다	remain	남아 있다
last	지속되다	look	~처럼 보이다
seem	~인 것 같다	consist of	~로 구성되다
result in	~을 야기[초래]하다	result from	~에서 기인하다

- **We should** arrive **on time.**
  우리는 제시간에 도착해야 한다.

- **The sun** emerged **from behind the clouds.**
  태양이 구름 뒤에서 나타났다.

- **Solutions** exist **for every problem we encounter.**
  우리가 마주하는 모든 문제에 대한 해결책들이 존재한다.

- **Some loyal fans** remained **in the stadium.**
  몇몇 충성 팬들이 경기장에 남아 있었다.

- **The group** consisted of **10 people.**
  그 그룹은 10명으로 구성되었다.

- **Ignoring safety guidelines can** result in **serious effects.**
  안전 지침을 무시하는 것은 심각한 결과를 초래할 수 있다.

Point 5 '자동사 + 전치사' 타동사구의 수동태

아래의 '자동사 + 전치사'는 하나의 타동사구처럼 쓰이므로 수동태가 가능하다. 이때 전치사는 타동사구의 일부이므로 수동태로 바뀌더라도 생략해서는 안 된다.

refer to A as B (be referred to as B)	A를 B라고 부르다	think of A as B (be thought of as B)	A를 B라고 생각하다
laugh at (be laughed at)	~을 비웃다	look at (be looked at)	~을 보다
listen to (be listened to)	~을 듣다	speak to (be spoken to)	~에게 말을 건네다
agree on (be agreed on)	~에 합의하다	deal with (be dealt with)	~을 처리하다
run over (be run over)	~을 치다	dispose of (be disposed of)	~을 처분하다

- **Seoul** is referred to as "the city that never sleeps."
  서울은 '잠들지 않는 도시'로 불린다.

- **He** has always been thought of as a sensible person.
  그는 항상 분별력 있는 사람으로 간주되어 왔다.

- **His efforts** were laughed at by them.
  그의 노력은 그들에게 비웃음을 받았다.

- **The picture** was looked at carefully by the art critic.
  그 그림은 미술 평론가에 의해 주의 깊게 관찰되었다.

- **Our complaint** was dealt with satisfactorily.
  우리의 불만 사항은 만족스럽게 처리되었다.

- **He** was run over by a car and badly injured.
  그는 차에 치여 크게 다쳤다.

- **Radioactive waste must** be disposed of safely.
  방사성 폐기물은 안전하게 처분되어야 한다.

Point **분리·박탈/인지/제공/금지 동사의 수동태**

6 분리·박탈/인지/제공/금지 동사를 수동태로 쓸 때 전치사를 누락해서는 안 되며 알맞은 전치사를 사용해야 한다.

분리·박탈	be [robbed, deprived, relieved] <u>of</u> B
인지	be [convinced, informed, reminded, warned, assured, notified] <u>of</u> B
제공	be [provided, supplied, presented, equipped] <u>with</u> B
금지	be [prevented, prohibited, discouraged, stopped, kept, deterred] <u>from</u> B

- **She** was robbed <u>of</u> **her jewels.**
  그녀는 보석을 도둑맞았다.

- **The prisoner** was deprived <u>of</u> **his freedom.**
  그 죄수는 자유를 박탈당했다.

- **After the presentation, she** was convinced <u>of</u> **the benefits of renewable energy.**
  프레젠테이션 이후에, 그녀는 재생 에너지의 이점에 대하여 확신하게 되었다.

- **Every time I smell coffee, I** am reminded <u>of</u> **cozy mornings.**
  매번 커피 향을 맡을 때마다, 나는 아늑한 아침이 떠오른다.

- **The students** were provided <u>with</u> **tablet PCs for their online classes.**
  학생들에게 온라인 수업을 위한 태블릿 PC가 제공되었다.

- **The new laboratory** was equipped <u>with</u> **state-of-the-art equipment.**
  새로운 연구소는 첨단 장비로 갖추어졌다.

- **We** were prevented <u>from</u> **entering the restricted area by the guards.**
  우리는 경비원들에 의해 제한 구역에 들어가지 못했다.

- **Scientists** are prohibited <u>from</u> **conducting experiments without safety equipment.**
  과학자들은 안전 장비 없이 실험을 수행하는 것이 금지된다.

7 전치사에 따라 의미가 달라지는 수동태

be concerned about be concerned with	~에 대해 걱정하다 ~에 관련되다	be known to be known as be known for be known by	~에게 알려지다 ~로서 알려지다 ~로 유명하다 ~에 의해 알 수 있다

- The scientific community is concerned <u>about</u> climate change.
  과학계는 기후 변화에 대해 우려한다.

- Modern history is concerned <u>with</u> the future as well as with the past.
  근대사는 과거뿐만 아니라 미래와도 관련된다.

- The great scientist is known <u>to</u> many people.
  그 위대한 과학자는 많은 사람들에게 알려져 있다.

- Kangaroos are known <u>as</u> sociable animals.
  캥거루는 사회적인 동물로 알려져 있다.

- Italy is known <u>for</u> its delicious pasta and pizza.
  이탈리아는 맛있는 파스타와 피자로 유명하다.

- A man is known <u>by</u> the company he keeps.
  사람은 그가 사귀는 친구에 의해 알 수 있다[사귀는 친구를 보면 그 사람을 알 수 있다].

Point

8

감정타동사로 만들어진 분사의 능·수동

감정타동사		현재분사(능동)		과거분사(수동)	
excite	흥분시키다	exciting	흥분시키는	excited	흥분한
interest	흥미를 일으키다	interesting	흥미로운	interested	흥미 있어 하는
amuse	즐겁게 하다	amusing	즐거움을 주는	amused	즐거워 하는
surprise	놀라게 하다	surprising	놀라운	surprised	놀란
amaze	놀라게 하다	amazing	놀라운	amazed	놀란
embarrass	당황하게 하다	embarrassing	당황하게 하는	embarrassed	당황한
overwhelm	압도시키다	overwhelming	압도적인	overwhelmed	압도된
exhaust	지치게 하다	exhausting	지치게 하는	exhausted	지친
annoy	성가시게 하다	annoying	성가신	annoyed	성가셔하는
disappoint	실망시키다	disappointing	실망시키는	disappointed	실망한
frustrate	좌절시키다	frustrating	좌절시키는	frustrated	좌절된
depress	우울하게 하다	depressing	우울하게 하는	depressed	의기소침한
bore	지루하게 하다	boring	지루하게 하는	bored	지루한

- Today was a really exhausting day.
  오늘은 정말 지치게 하는 하루였다.

- He felt exhausted after running a marathon.
  그는 마라톤을 뛴 후에 지친 것을 느꼈다.

- The news about the accident was extremely depressing.
  그 사고와 관련된 뉴스는 극도로 우울했다.

- The rainy weather made her feel depressed.
  비 오는 날씨는 그녀를 의기소침하게 만들었다.

- The movie was so boring that I fell asleep after half an hour.
  그 영화는 너무 지루해서 나는 삼십 분 후에 잠이 들었다.

- He's always bored with his current job and wants to find something new.
  그는 항상 지금의 직업에 지루해하고 새로운 것을 찾고 싶어 한다.

Exercise

[01 - 30] 다음 중 어법상 적절한 것을 고르시오.

01   I was very **[disappointing / disappointed]** in my friends.

02   A simple blood test **[checks / is checked]** high blood pressure.

03   They were so **[exhausting / exhausted]** that they did not move at all.

04   The story was so **[boring / bored]** that it kept the audience yawning.

05   The story was so **[amusing / amused]** that it kept the audience laughing.

06   This year the numbers **[expect / are expected]** to show a steeper decline.

01 disappointed

해설 disappoint는 '실망시키다'라는 뜻의 감정타동사로, 주어인 내가 '실망시킨' 것이 아니라 '실망한' 것이므로 수동의 과거분사 disappointed가 적절하다. 주어가 '실망시키는' 주체가 될 때는 목적어가 필요하다.

해석 나는 친구들에게 매우 실망했다.

02 checks

해설 뒤에 목적어 역할을 하는 명사구인 high blood pressure가 있으며, 주어인 간단한 혈액 검사가 '측정하는' 것이므로 능동태인 checks가 적절하다.

해석 간단한 혈액 검사가 고혈압을 측정한다.

03 exhausted

해설 exhaust는 '지치게 하다'라는 뜻의 감정타동사로, 주어인 그들이 '지치게 하는' 것이 아니라 '지친' 것이므로 수동의 과거분사 exhausted가 적절하다.

해석 그들은 너무 지쳐서 전혀 움직이지 못했다.

04 boring

해설 bore는 '지루하게 하다'라는 뜻의 감정타동사로, 주어인 그 이야기가 '지루해진' 것이 아니라 '지루하게 하는' 것이므로 능동의 현재분사 boring이 적절하다.

해석 그 이야기는 너무 지루해서 관중들을 계속 하품하게 만들었다.

05 amusing

해설 amuse는 '즐겁게 하다[재미있게 하다]'라는 뜻의 감정타동사로, 주어인 그 이야기가 '재미있어하는' 것이 아니라 '재미를 주는' 것이므로 능동의 현재분사 amusing이 적절하다.

해석 그 이야기는 너무 재미있어서 관중들을 계속 웃게 했다.

06 are expected

해설 주어인 그 숫자가 '예상하는' 것이 아니라 '예상되는' 것이므로, 수동태인 are expected가 적절하다. 참고로 동사 뒤의 to 부정사는 5형식 동사 expect의 목적격 보어 to 부정사가 수동태가 되면서 그대로 동사 뒤에 남은 구조이다.

해석 금년도에는 그 숫자가 더욱 가파른 감소 추세를 보일 것으로 예상된다.

07 The Christmas party was really **[exciting / excited]** and I totally lost track of time.

08 Lots of bad things **[have occurred / have been occurred]** since we moved here.

09 Beethoven's 7th Symphony **[performed / was performed]** at the concert last night.

10 The printing press **[created / was created]** by Johannes Gutenberg in the 15th century.

11 The game **[was watching / was being watched]** outside the stadium on a huge screen.

12 His blood pressure **[checked / was checked]** in a hurry after he was brought to a hospital.

07 exciting

해설 excite는 '흥미를 일으키다[흥분시키다]'라는 뜻의 감정타동사로, 주어인 크리스마스 파티가 '흥미를 느끼는' 것이 아니라 '흥미를 일으키는' 것이므로 능동의 현재분사 exciting이 적절하다.

해석 크리스마스 파티가 정말 흥미로웠고 나는 완전히 시간 가는 줄 몰랐다.

08 have occurred

해설 occur는 자동사이므로 수동태가 불가능하다. 따라서 능동태인 have occurred가 적절하다.

해석 우리가 이곳으로 이사를 온 이후, 많은 나쁜 일들이 일어났다.

09 was performed

해설 주어인 교향곡이 '연주하는' 것이 아니라 '연주되는' 것이므로 수동태인 was performed가 적절하다. 참고로 perform은 '공연하다'라는 뜻일 때 자동사 또는 타동사로 쓰일 수 있는데, 능동태일 경우 주로 사람이 주어로 온다.

해석 Beethoven의 7번 교향곡은 어젯밤 콘서트에서 연주되었다.

10 was created

해설 타동사 create 뒤에 목적어가 없으며, 주어인 인쇄기가 '발명하는' 것이 아니라 '발명되는' 것이므로 수동태인 was created가 적절하다.

해석 인쇄기는 15세기에 Johannes Gutenberg에 의해 발명되었다.

11 was being watched

해설 주어인 그 경기가 '보는' 것이 아니라 '보여지는' 것이므로 수동태인 was being watched가 적절하다.

해석 그 경기는 경기장 밖 거대한 스크린을 통해 보여지고 있었다.

12 was checked

해설 주어인 혈압이 '측정하는' 것이 아니라 '측정되는' 것이므로 수동태인 was checked가 적절하다.

해석 그가 병원에 실려 온 후 그의 혈압이 급히 측정되었다.

13   The secretary [**asked** / **was asked**] me to wait here patiently for further instructions.

14   The World Cup soccer games [**are televising** / **are being televised**] all over the world this year.

15   Successful people have simply learned the value of staying in the game until it [**wins** / **is won**].

16   I regret to inform you that your loan application [**has not approved** / **has not been approved**].

17   When all the students [**seated** / **were seated**], the professor [**began** / **was begun**] his lecture.

18   At the same time, this evidence [**has raised** / **has been raised**] the problem of the cause of the 'Ice Ages.'

13 asked

해설 뒤에 목적어로 me를, 목적격 보어로 to 부정사를 취하는 5형식의 능동태 문장이므로 asked가 적절하다.

해석 그 비서는 나에게 추가 지시가 있을 때까지 여기서 인내심을 갖고 기다려 달라고 요청했다.

14 are being televised

해설 타동사 televise 뒤에 목적어가 없으며, 주어인 월드컵 축구 경기가 '방영하는' 것이 아니라 '방영되는' 것이므로 수동태인 are being televised가 적절하다.

해석 올해 월드컵 축구 경기는 전 세계 곳곳에서 방영될 예정이다.

15 is won

해설 주어인 그것(게임)이 '이겨서 얻는' 것이 아니라 '이겨서 얻어지는' 것이므로 수동태인 is won이 적절하다.

해석 성공한 사람들은 이길 때까지 그 게임에 머무는 것의 가치를 배웠을 뿐이다.

16 has not been approved

해설 주어인 대출 신청이 '승인하지' 않는 것이 아니라 '승인되지' 않는 것이므로 수동태인 has not been approved가 적절하다. 참고로 approve는 '승인하다'라는 뜻일 때 자동사 또는 타동사로 쓰일 수 있는데, 능동태일 경우 주로 사람이 주어로 온다.

해석 당신의 대출 신청이 승인되지 않았음을 알려드리게 되어 유감입니다.

17 were seated, began

해설 '앉히다'라는 뜻의 타동사 seat는 뒤에 목적어가 필요하다. 여기서는 뒤에 목적어가 없고, 주어인 학생들이 '앉히는[착석시키는]' 것이 아니라 '앉는[착석하는]' 것이므로 수동태인 were seated가 적절하다. 또한 '시작하다'라는 뜻의 begin은 자동사 또는 타동사로 쓰일 수 있는데, 뒤에 목적어 his lecture가 있으므로 타동사의 능동태인 began이 적절하다.

해석 모든 학생들이 앉았을 때, 교수가 수업을 시작했다.

18 has raised

해설 뒤에 목적어 역할을 하는 명사구 the problem of the cause of the 'Ice Ages'가 있으며, 주어인 증거가 문제를 '제기하는' 것이므로 능동태인 has raised가 적절하다.

해석 동시에, 이런 증거는 '빙하기'의 원인에 대한 문제를 제기했다.

19 He quickly stepped on the brakes, and his car came to a stop just in time **[to avoid / to be avoided]** an accident.

20 Individuals with disabilities should not **[deprive of / be deprived of]** equal opportunities for employment in society.

21 Before the discovery of microorganisms, many scientists **[believed / were believed]** that diseases spread through miasma or "bad air."

22 The painting, without a signature, could not _____ authentic.
① consider   ② be considered   ③ be considering   ④ have considered

23 Learning a new language can _____ opening a door to another culture.
① think of   ② think of as   ③ be thought of   ④ be thought of as

24 Looking at old photographs, John can _____ precious memories from years ago.
① remind by   ② remind of   ③ be reminded   ④ be reminded of

19 to avoid

해설 뒤에 목적어로 an accident가 있으며, 의미상 주어인 그가 '피하는' 것이므로 능동형인 to avoid가 적절하다.

해석 그는 재빨리 브레이크를 밟았고, 그의 차는 제때 딱 멈춰 사고를 피할 수 있었다.

20 be deprived of

해설 분리·박탈 동사 deprive는 'deprive A of B'의 구조로 사용되고, 수동태로 전환하면 'A be deprived of B'의 구조를 취하는데 이때 전치사 of는 생략할 수 없다. 따라서 뒤에 B에 해당하는 equal opportunities가 있으며, 주어인 장애인들이 '박탈하는' 것이 아니라 '박탈당하는' 것이므로 수동태인 be deprived of가 적절하다.

해석 장애인들은 사회에서 동등한 취업 기회를 박탈당해서는 안 된다.

21 believed

해설 뒤에 목적어 역할을 하는 명사절 that절이 있으며, 주어인 과학자들이 '믿는' 것이므로 능동태인 believed가 적절하다.

해석 미생물의 발견 이전에는 많은 과학자들이 질병이 독기(miasma), 즉 '나쁜 공기'를 통해 전파된다고 믿었다.

22 ② be considered

해설 빈칸은 조동사 뒤 동사원형 자리로, 뒤에 형용사가 있는 문장 구조이다. consider는 5형식 동사로 수동태가 되어도 뒤에 명사 또는 형용사를 동반할 수 있다. 따라서 주어인 그 그림이 '간주하는' 것이 아니라 '간주되는' 것이므로 빈칸에는 수동태 be considered가 와야 한다.

해석 서명이 없던 그 그림은 진품으로 간주될 수 없었다.

23 ④ be thought of as

해설 빈칸은 조동사 뒤 동사원형 자리로, 뒤에 동명사가 있는 문장 구조이다. 'think of A as B'는 'A를 B라고 여기다[생각하다]'의 뜻을 가진 '자동사 + 전치사' 타동사구 구문으로, 수동태로 전환하면 'A be thought of as B'로 쓰이며, 이때 전치사 as는 생략할 수 없다. 따라서 주어인 새로운 언어 학습이 '여기는' 것이 아니라 '여겨지는' 것이므로 빈칸에는 수동태 be thought of as가 와야 한다.

해석 새로운 언어 학습은 다른 문화로 통하는 문을 여는 것으로 여겨질 수 있다.

24 ④ be reminded of

해설 빈칸은 조동사 뒤 동사원형 자리로, 뒤에 명사가 있는 문장 구조이다. 인지 동사 remind는 'remind A of B'의 구조로 사용되고, 수동태로 전환하면 'A be reminded of B'의 구조를 취하는데 이때 전치사 of는 생략할 수 없다. 따라서 주어인 John이 '상기시키는' 것이 아니라 '상기시켜지는' 것이므로 빈칸에는 수동태 be reminded of가 와야 한다.

해석 옛 사진을 보면 John은 몇 년 전의 소중한 기억을 떠올릴 수 있다.

25 To graduate, students must _____ at least 120 credits by the end of their program.

① scoring   ② be scored   ③ score   ④ to score

26 To attend the concert, you must present the ticket that _____ online before the event.

① was purchased   ② purchasing   ③ purchases   ④ has purchased

27 The child chased his ball into the street and narrowly escaped from _____ by a speeding car.

① was run over   ② running over   ③ being run   ④ being run over

28 Experienced applicants with strong qualifications _____ priority for the job interview next week.

① has given   ② was given   ③ will be given   ④ will have given

29 The old painting in the gallery can _____ for hours by visitors appreciating its wonderful beauty.

① look at   ② be looked   ③ be looked by   ④ be looked at

30 Following her remarkable performance, the young gymnast _____ Athlete of the Year by the Olympic Committee last year.

① named   ② is named   ③ has named   ④ was named

25 ③ score

해설 빈칸은 조동사 뒤 동사원형 자리로, 뒤에 목적어로 명사구 at least 120 credits가 있는 문장 구조이다. 따라서 주어인 학생들이 학점을 '취득하는' 것이므로, 빈칸에는 능동태 score가 와야 한다.

해석 학생들은 졸업하려면 프로그램이 끝날 때까지 최소 120학점을 취득해야 한다.

26 ① was purchased

해설 빈칸은 주격 관계대명사절의 동사 자리로, 뒤에 목적어가 없는 문장 구조이다. 관계대명사절의 수식을 받는 선행사는 단수 명사 the ticket인데, 티켓이 '구매하는' 것이 아니라 '구매되는' 것이므로 빈칸에는 수동태인 was purchased가 와야 한다.

해석 콘서트에 참석하려면 행사 전에 온라인으로 구매한 티켓을 제시해야 한다.

27 ④ being run over

해설 빈칸은 전치사 from의 목적어 자리로, (동)명사가 올 수 있다. 뒤에 목적어가 없는 문장 구조이고 의미상 주어인 어린이가 (차에 의해) '치는' 것이 아니라 '치이는' 것이므로 빈칸에는 동명사의 수동태 being run over가 와야 한다. 'run over'는 '~을 치다'의 뜻을 가진 '자동사 + 전치사' 타동사구로, 수동태로 전환할 때 전치사 over를 생략해선 안 된다.

해석 어린이가 공을 쫓아 차도로 나왔고, 빠르게 달려오는 차에 치이는 것을 가까스로 모면했다.

28 ③ will be given

해설 빈칸은 문장의 동사 자리로, 뒤에 명사가 있는 문장 구조이다. give는 목적어를 두 개 취하는 4형식 수여동사이므로 수동태가 되어도 뒤에 명사를 동반할 수 있다. 따라서 주어인 경력 지원자가 우선권을 '주는' 것이 아니라 '부여받는' 것이고, next week이 미래시제를 나타내므로 빈칸에는 미래시제의 수동태 will be given이 와야 한다.

해석 강력한 자격 요건을 갖춘 경력 지원자에게는 다음 주 면접에서 우선권이 부여될 것이다.

29 ④ be looked at

해설 빈칸은 조동사 뒤 동사원형 자리로, 뒤에 목적어가 없는 문장 구조이다. 자동사는 수동태로 전환할 수 없지만 'look at(~을 보다)'과 같이 전치사를 동반하여 타동사구가 되면 예외적으로 수동태 전환이 가능하다. 따라서 주어인 오래된 그림이 '보는' 것이 아니라 '보이는' 것이므로 빈칸에는 수동태 be looked at이 와야 한다.

해석 미술관에 있는 그 오래된 그림은 방문객들이 몇 시간이고 바라보며 그 아름다움에 감탄할 수 있다.

30 ④ was named

해설 빈칸은 문장의 동사 자리로, 뒤에 명사가 있는 문장 구조이다. name은 명사를 목적격 보어로 취할 수 있는 5형식 동사이므로 수동태가 되어도 뒤에 명사를 동반할 수 있다. 따라서 주어인 어린 체조 선수가 올해의 선수를 '선정한' 것이 아니라 '선정된' 것이고, last year가 과거시제를 나타내므로 빈칸에는 과거시제의 수동태 was named가 와야 한다.

해석 그 어린 체조 선수는 눈부신 활약으로 지난해 올림픽 위원회로부터 올해의 선수로 선정되었다.

시제

기본 개념 잡기

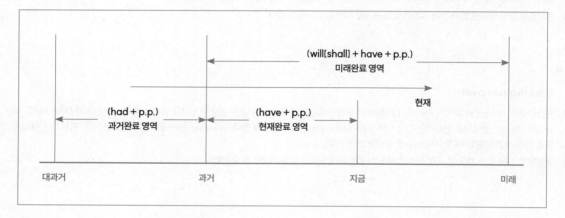

현재	He **studies** English. [단순]	그는 영어를 공부한다.
	He **is studying** English. [진행]	그는 영어를 공부하고 있다.
	He **has studied** English. [완료]	그는 영어를 공부해 왔다.
	He **has been studying** English. [완료진행]	그는 영어를 공부해 오고 있다.
과거	He **studied** English. [단순]	그는 영어를 공부했다.
	He **was studying** English. [진행]	그는 영어를 공부하고 있었다.
	He **had studied** English. [완료]	그는 영어를 공부했었다.
	He **had been studying** English. [완료진행]	그는 영어를 공부해 오고 있었다.
미래	He **will study** English. [단순]	그는 영어를 공부할 것이다.
	He **will be studying** English. [진행]	그는 영어를 공부하고 있을 것이다.
	He **will have studied** English. [완료]	그는 영어를 공부해 올 것이다.
	He **will have been studying** English. [완료진행]	그는 영어를 공부해 오고 있을 것이다.

핵심 포인트 잡기

Point 1 **단순시제**

① 현재시제

현재의 상태 / 현재의 습관이나 반복적인 동작 / 일반적 사실 / 과학적 사실 / 격언·속담

- He lives in the suburbs of Seoul now. [현재의 상태]
  그는 지금 서울의 교외에서 살고 있다.

- Susie studies very hard. [현재의 상태]
  Susie는 매우 열심히 공부한다.

- I wash my hair every other day. [현재의 습관]
  나는 이틀에 한 번 머리를 감는다.

- Seoul is the capital city of Korea. [일반적 사실]
  서울은 대한민국의 수도이다.

- The sun rises in the east. [과학적 사실]
  해는 동쪽에서 떠오른다.

- The early bird catches the worm. [속담]
  일찍 일어나는 새가 벌레를 잡는다.

② 과거시제

과거의 동작이나 상태 / 과거의 습관이나 반복적인 동작 / 역사적 사실

- I met her last weekend. [과거의 동작]
  나는 지난 주말에 그녀를 만났다.

- The park was popular for its peaceful beauty. [과거의 상태]
  그 공원은 평화로운 아름다움으로 인기가 많았다.

- I usually got up at 7 in my school days. [과거의 습관]
  나는 학창 시절에 보통 7시에 일어났다.

- The Korean War broke out in 1950. [역사적 사실]
  한국 전쟁은 1950년에 발발했다.

3 미래시제

1 미래의 동작이나 상태

- It will be **windy tomorrow.**
  내일은 바람이 불 것이다.

- I will graduate from **the university in February.**
  나는 2월에 그 대학을 졸업할 것이다.

2 미래시제의 대용

왕·래·발·착·시·종 동사(go, come, leave, depart, arrive, reach, begin, start, open, finish, end, close)가 가까운 미래를 나타내는 부사구와 함께 쓰일 경우, 미래시제 대신 현재(진행)시제를 쓸 수 있다.

- My flight leaves **for Paris at 10 tonight.**
  = My flight is leaving **for Paris at 10 tonight.**
  내가 탈 항공편은 오늘 밤 10시에 파리로 떠날 것이다.

- I must leave right now because I am starting **work at noon today.**
  나는 오늘 정오에 일을 시작할 것이기 때문에 지금 당장 출발해야 한다.

3 미래시제 대용어구

be going to RV	~할 것[예정]이다
be about to RV	막 ~하려 하다
be supposed to RV	~하기로 되어 있다

- He is going to **take the test next month.**
  그는 다음 달에 그 시험을 칠 것이다.

- The airplane is about to **take off. Please fasten your seatbelts.**
  비행기가 막 이륙하려 합니다. 안전벨트를 착용해 주십시오.

- The President is supposed to **make a statement on Monday.**
  대통령은 월요일에 성명을 발표하기로 되어 있다.

Point **완료시제**

2 ❶ **현재완료시제: have p.p.**

과거부터 지금까지 이어지는 동작을 설명하거나, 과거의 동작이 지금의 상태에 영향을 끼쳤음을 나타낸다.

- **The bus** has arrived **here.** [완료]
  버스가 여기 도착했다.

- **She** has studied **English for three hours.** [계속]
  그녀는 3시간 동안 영어를 공부해 왔다.

- **I have** never **been to New York.** [경험]
  나는 뉴욕에 가 본 적이 전혀 없다.

- **I have lost my watch.** [결과]
  나는 시계를 잃어버렸다. (그래서 지금 없다.)

❷ **과거완료(대과거)시제: had p.p.**

과거보다 더 앞선 시제(대과거), 또는 대과거에서 과거까지 이어지는 기간(과거완료)을 나타낸다.

- **When we called on her, she** had been **ill in bed for a week.** [과거완료]
  우리가 그녀를 방문했을 때, 그녀는 일주일간 아파서 침대에 누워 있었다.

- **My uncle sent me a coat that he** had bought **in Paris.** [대과거]
  삼촌이 파리에서 구입했던 외투를 보내 주셨다.

❸ **미래완료시제: will have p.p.**

미래의 특정 시점을 기준으로 동작이나 상태의 계속, 완료, 경험, 결과 등을 의미한다.

- **He** will have worked **for this company for ten years by next year.** [계속]
  내년이면 그는 이 회사에서 10년 동안 근무한 것이 된다.

- **I** will have read **this book three times if I read it again.** [경험]
  내가 이 책을 다시 읽으면 세 번 읽게 되는 것이다.

진행시제

3 현재, 과거, 미래의 특정 시점에서 진행 중인 동작을 나타낸다. 단순시제뿐만 아니라 완료시제에도 진행형을 쓸 수 있다.

1 **단순진행시제**

- Jim is writing a letter now. [현재진행]
  Jim은 지금 편지를 쓰고 있는 중이다.

- Jim was looking for me when I was in the restroom. [과거진행]
  내가 화장실에 있었을 때, Jim은 나를 찾고 있었다.

- Jim will be thinking about me if I go abroad. [미래진행]
  내가 외국에 가면 Jim은 나를 생각하고 있을 것이다.

2 **완료진행시제**

- He has been living in Seoul for 10 years. [현재완료진행]
  그는 10년 동안 서울에서 살고 있는 중이다.

- She had been learning Chinese for 10 years before she went to China. [과거완료진행]
  그녀는 중국에 가기 전 10년 동안 중국어를 배워 오고 있었다.

- It will have been snowing for 10 days tomorrow. [미래완료진행]
  내일이면 10일 동안 눈이 내리고 있는 것이다.

3 **수동태의 진행시제**

- He is being treated at the London clinic. [현재진행수동]
  그는 런던 클리닉에서 치료를 받고 있다.

- He perceived that he was being watched. [과거진행수동]
  그는 감시당하고 있는 것을 알아챘다.

4 진행형으로 쓸 수 없는 동사

소유 동사	have, belong to, own, possess
인식 동사	know, think
존재 동사	exist, consist (in)
상태 동사	resemble, consist (of)
감정 동사	love, like, hate
무의지 동사	see, hear, taste (지각동사가 무의지 동사로 쓰인 경우)

- She has an extensive collection of rare coins.
  - → She is having an extensive collection of rare coins. ✖
    그녀는 희귀한 동전을 광범위하게 소장하고 있다.

- Critics thought that the book would win numerous awards.
  - → Critics were thinking that the book would win numerous awards. ✖
    비평가들은 그 책이 수많은 상을 받을 것이라고 생각했다.

- My sister likes listening to classical music.
  - → My sister is liking listening to classical music. ✖
    내 언니는 클래식 음악을 듣는 것을 좋아한다.

- They saw a beautiful rainbow in the sky.
  - → They were seeing a beautiful rainbow in the sky. ✖
    그들은 하늘에서 아름다운 무지개를 보았다.

cf 단, 뜻이 위와 다른 경우에는 진행형이 가능하다.

have	식사를 하다, 시간을 보내다	think	고려하다
see	만나다	taste	맛보다

- He is having dinner.
  그가 저녁 식사를 하고 있다.

- He is thinking about his next vacation.
  그는 다음 휴가를 고려하고 있다.

- The baby is tasting the ice cream for the first time.
  아기가 처음으로 그 아이스크림을 맛보고 있다.

시제를 나타내는 시간 부사구

4 **①** **명백한 과거 시점 부사(구)**

명백한 과거 시점을 나타내는 부사(구)가 나오면, 과거시제를 사용하며 현재완료시제는 쓸 수 없다.

yesterday	시간 + ago
last + 시점	in + 과거 연도

- We <u>watched</u> a movie yesterday.
  우리는 어제 영화를 보았다.

- I successfully <u>completed</u> writing the book three weeks ago.
  나는 3주 전에 그 책의 집필을 성공적으로 완료했다.

- We <u>had</u> a picnic last Saturday in the park with our friends.
  우리는 지난 토요일에 친구들과 공원으로 소풍을 갔다.

- She <u>graduated</u> from college in 2018.
  그녀는 2018년에 대학을 졸업했다.

② **현재완료시제와 함께 쓰이는 시간 부사구**

아래의 시간 부사구가 나오면, 과거시제는 쓸 수 없다.

~이래로	since + 과거 시점
지금까지	until now, so far
지난 ~동안	for/over (the last/past) + 기간 * 'for + 기간'은 현재완료시제와 함께 잘 쓰이나, 과거, 과거완료, 미래완료와 쓰이는 경우도 있다.

- I <u>have lived</u> in the countryside since I retired.
  나는 은퇴한 이후로 시골에서 살고 있다.

- Until now, we <u>haven't found</u> a solution to the problem.
  지금까지 우리는 그 문제에 대한 해결책을 찾지 못했다.

- She <u>has been</u> the most reliable member of the team so far.
  그녀는 지금까지 팀에서 가장 신뢰할 수 있는 멤버였다.

- For the last 50 years, technological advancements <u>have transformed</u> society.
  지난 50년 동안, 기술 발전은 사회를 변화시켰다.

③ 과거완료시제와 함께 쓰이는 시간 부사구

시간 표현 + before(부사)	by the time + 과거 시점

- They went to the same hotel where they <u>had stayed</u> two years before.
  그들은 2년 전에 묵었던 곳과 같은 호텔로 갔다.

- By the time I arrived, the party <u>had</u> already <u>ended</u>.
  내가 도착했을 무렵 그 파티는 이미 끝났었다.

④ 미래완료시제와 함께 쓰이는 시간 부사구

by + 특정 미래 시점(next week/month)	by the time + S + 현재V
횟수(three times, four times)	–

- The construction of the new stadium <u>will have been completed</u> by next month.
  다음 달까지 새 경기장 건설이 완료될 것이다.

- I <u>will have finished</u> the work by the time you come home.
  네가 집에 돌아올 때쯤이면 나는 그 일을 끝냈을 것이다.

- I <u>will have read</u> this book four times if I read it once again.
  내가 이 책을 다시 한 번 읽는다면 네 번 읽는 것이 될 것이다.

Point **시제 일치와 그 예외**

5 **① 시제 일치**

시제 일치란, 주절과 종속절로 이루어진 복문에서 주절의 시제와 종속절의 시제를 호응시키는 것을 의미한다. 보통 주절에 있는 동사의 시제에 따라 종속절 내 동사의 시제가 결정된다.

- I think that he is an expert in psychology.
  나는 그가 심리학 전문가라고 생각한다.

- I think that he was an expert in psychology.
  나는 그가 심리학 전문가였다고 생각한다.

- She knew that he was busy.
  그녀는 그가 바쁘다는 것을 알고 있었다.

- She knew that he had been busy.
  그녀는 그가 바빴었다는 것을 알고 있었다.

② 시제 일치의 예외

1 항상 현재시제

1. 불변의 진리·과학적 사실·속담 또는 격언

- **Columbus believed that** the Earth is round.
  Columbus는 지구가 둥글다는 사실을 믿었다.

- **The scientist reminded us that** light travels at a tremendous speed.
  그 과학자는 우리에게 빛은 엄청난 속도로 이동한다는 것을 상기시켰다.

- **My father told me** honesty is the best policy.
  아버지는 나에게 정직이 최선의 방책이라고 말씀하셨다.

2. 현재의 일반적인 습관

- **My friend told me that** she usually reads two books a month.
  내 친구는 보통 한 달에 두 권의 책을 읽는다고 나에게 말했다.

- **He said that** he gets up at seven every morning.
  그는 매일 아침 7시에 일어난다고 말했다.

2 항상 과거시제

1. 역사적 사실

- **The students didn't know** Korea hosted the World Cup with Japan in 2002.
  그 학생들은 한국이 2002년에 일본과 월드컵을 개최했다는 것을 몰랐다.

- **We learned that** Germany was united in 1990.
  우리는 독일이 1990년에 통일되었다는 것을 배웠다.

2. 과거 시간 부사가 나온 경우

명확한 과거를 나타내는 시간부사(특히, 연도)가 나온 경우, 내용상 대과거이더라도 과거시제로 표현한다.

- **A man who** shoplifted from the Woolworth's store in Shanton in 1952 recently sent the shop an anonymous letter of apology.
  1952년 Shanton에 있는 Woolworth 가게에서 물건을 훔친 한 남자가 최근에 그 가게로 익명의 사과 편지를 보냈다.

3 시간·조건의 부사절

시간·조건의 부사절에서는 내용상 미래(완료)시제인 경우에도 현재(완료)시제로 표기한다.

시간 접속사	when, while, until, after, before, as soon as, by the time
조건 접속사	if, unless, once, in case, as long as

- When my friend <u>arrives</u>, we will go to the party together.
  친구가 도착하면 우리는 함께 파티에 갈 것이다.

- If it <u>rains</u> tomorrow, I won't go to school.
  내일 비가 온다면, 나는 학교에 가지 않을 것이다.

심슨쌤 꿀팁!

when절과 if절에서의 미래시제

when은 명사절 혹은 형용사절을, if는 명사절을 이끌 수 있는데, 명사절과 형용사절에서는 내용상 미래시제일 경우 그대로 미래시제로 표기한다.

명사절	타동사(know, doubt, ask, wonder, be not sure 등)의 목적어로 쓰인 if절과 when절
형용사절	the time 등의 시간 명사를 꾸미는 when절

- I don't know when she <u>will come</u> back.
  나는 그녀가 언제 돌아올지 모른다.

- Do you know if they <u>will attend</u> the meeting?
  너는 그들이 회의에 참석할 것인지 아니?

- Do you know the exact date when he <u>will publish</u> the book?
  그가 그 책을 출판할 정확한 날짜를 아니?

4 시간의 전후가 명확한 접속사가 쓰인 경우

시간의 전후 관계를 확실하게 나타내 주는 부사절 접속사(before, after)가 쓰인 경우, 내용상 과거보다 앞선 시제더라도 과거완료 대신 과거시제를 쓸 수 있다.

- He <u>went away</u> before I arrived there.
  = He <u>had gone away</u> before I arrived there.
  내가 거기 도착하기 전에 그는 떠났다.

시제 관련 관용 표현

6 ① **have been to** vs **have gone to**

have been to	~에 간 적 있다 [경험]
have gone to	~에 가고 없다 [결과]

- Have **you** ever been to London?
  당신은 런던에 가 본 적이 있나요?

- He has gone to his homeland.
  그는 자기의 고국으로 가 버렸다.

② **~하자마자 ~했다**

Hardly/Scarcely	+ **had** + 주어 + **p.p.** + when/before + 주어 + **과거동사**
No sooner	+ **had** + 주어 + **p.p.** + than + 주어 + **과거동사**

cf As soon as + S + 과거동사, S + 과거동사

- Hardly <u>had</u> he <u>seen</u> me when/before he <u>ran away</u>.
  = He <u>had</u> hardly <u>seen</u> me when/before he <u>ran away</u>.
    그는 나를 보자마자 달아났다.

- Hardly <u>had</u> I <u>closed</u> my eyes when/before I <u>began</u> to think of her.
  = I <u>had</u> hardly <u>closed</u> my eyes when/before I <u>began</u> to think of her.
    나는 눈을 감자마자 그녀를 생각하기 시작했다.

- No sooner <u>had</u> I <u>left</u> home than it <u>began</u> to rain heavily.
  = I <u>had</u> no sooner <u>left</u> home than it <u>began</u> to rain heavily.
  = As soon as I <u>left</u> home, it <u>began</u> to rain heavily.
    내가 집을 나오자마자, 비가 몹시 내리기 시작했다.

- No sooner <u>had</u> I <u>finished</u> the meal than I <u>started</u> feeling hungry again.
  = I <u>had</u> no sooner <u>finished</u> the meal than I <u>started</u> feeling hungry again.
  = As soon as I <u>finished</u> the meal, I <u>started</u> feeling hungry again
    식사를 마치자마자 나는 다시 배고프기 시작했다.

Exercise

[01 - 19] 다음 중 어법상 적절한 것을 고르시오.

01   Frank **[arrived / has arrived]** here three days ago.

02   I **[have known / had known]** Jose until I was seven.

03   I want to know if he **[comes / will come]** next week.

04   When school **[is / will be]** over, the boys will be happy.

05   If it **[is / will be]** nice weather tomorrow, I will finish the work.

06   Jamie learned from the book that World War I **[broke / had broken]** out in 1914.

07   I **[have finished / had finished]** contacting everyone by the time the meeting started.

01 arrived

해설 명백한 과거 시점을 나타내는 부사구 three days ago가 있으므로, 과거시제인 arrived가 적절하다.

해석 Frank는 3일 전에 이곳에 도착했다.

02 had known

해설 내가 7살인 시점이 과거이고 Jose를 알기 시작하여 계속된 것은 그보다 더 이전의 일이므로, 과거완료시제인 had known이 적절하다.

해석 나는 7살 때까지 Jose를 알았었다.

03 will come

해설 if가 이끄는 명사절에 미래 시점을 나타내는 부사구 next week이 있으므로 미래시제인 will come이 적절하다. 참고로 if가 부사절이 아닌 명사절을 이끌 땐 현재시제가 미래시제를 대신하는 문법이 적용되지 않음에 유의한다.

해석 나는 그가 다음 주에 올 것인지 알고 싶다.

04 is

해설 when이 이끄는 시간 부사절에서는 현재시제가 미래시제를 대신하므로 is가 적절하다.

해석 학교가 끝나면 그 소년들은 행복해 할 것이다.

05 is

해설 if가 이끄는 조건 부사절에서는 현재시제가 미래시제를 대신하므로 is가 적절하다.

해석 만약 내일 날씨가 좋다면, 나는 작업을 끝낼 것이다.

06 broke

해설 역사적 사실은 항상 과거시제로 표현하므로 broke가 적절하다.

해석 Jamie는 그 책을 통해 제1차 세계대전이 1914년에 발발했다는 것을 알게 되었다.

07 had finished

해설 회의가 시작한 것은 과거이고 모두에게 연락하는 일을 끝낸 것은 그보다 더 이전의 일이므로, 과거완료시제인 had finished가 적절하다.

해석 회의가 시작할 무렵 나는 모두에게 연락을 마쳤다.

08   Please come to the headquarters as soon as you **[receive / will receive]** this letter tomorrow.

09   We **[have waited / had waited]** for Nancy for over three hours before she arrived yesterday.

10   She will probably ask the teacher when the exam results **[are announced / will be announced]**.

11   Tim lost the wallet that his girlfriend **[has bought / had bought]** for their 1000-day anniversary.

12   Right now the tide is low, but when the tide **[comes / will come]** in, the ship will leave the harbor.

13   By the time April **[comes / will come]** next year, he will have lived in this apartment for five years.

08 receive

해설 as soon as가 이끄는 시간 부사절에서는 현재시제가 미래시제를 대신하므로 receive가 적절하다.

해석 내일 이 편지를 받는 즉시 본사로 와 주십시오.

09 had waited

해설 그녀(Nancy)가 도착한 것은 과거이고 Nancy를 기다리기 시작하여 계속된 것은 그보다 더 이전의 일이므로, 과거완료시제인 had waited가 적절하다.

해석 우리는 어제 Nancy가 도착하기 전까지 3시간 넘게 그녀를 기다렸다.

10 will be announced

해설 주절의 시제(will ask)가 미래이고, 4형식 동사 ask의 직접목적어 자리에 의문사 when이 이끄는 명사절이 온 문장 구조이다. 따라서 내용상 미래 시점을 나타내는 명사절 when절에서는 미래시제가 가능하므로 will be announced가 적절하다.

해석 그녀는 아마도 시험 결과가 언제 발표되는지 선생님에게 물어볼 것이다.

11 had bought

해설 여자 친구가 1,000일 기념으로 지갑을 사준 시점이 Tim이 지갑을 잃어버린 시점보다 앞서므로, 과거완료시제인 had bought가 적절하다.

해석 Tim은 여자 친구가 1,000일 기념으로 사준 지갑을 잃어버렸다.

12 comes

해설 when이 이끄는 시간 부사절에서는 현재시제가 미래시제를 대신하므로 comes가 적절하다.

해석 지금은 썰물이지만 밀물이 들어오면 배가 항구를 떠날 것이다.

13 comes

해설 by the time이 이끄는 시간 부사절에서는 현재시제가 미래시제를 대신하므로 comes가 적절하다.

해석 내년 4월이 되면, 그는 이 아파트에서 산 지 5년째가 될 것이다.

14   Beekeepers in the United States first noticed that their bee colonies **[were / have been]** dying off in 2006.

15   There **[were / have been]** about 69,000 speakers of Gaelic in Scotland in 1991, according to that year's census.

16   Hardly _____ the house when someone turned on the light.
① she entered   ② did she enter   ③ she had entered   ④ had she entered

17   Albert Einstein discovered that light _____ the fastest thing in the universe.
① is   ② was   ③ has been   ④ had been

18   By the time the train _____ at its destination, we will have been waiting at the station for over an hour.
① arrives   ② will be arriving
③ had been arriving   ④ will have been arriving

19   Since the middle years of the twentieth century, the police in Britain _____ much of their positive image.
① lost   ② had lost   ③ have lost   ④ will have lost

14　were

해설　명백한 과거 시점을 나타내는 시간 부사구 'in + 과거 연도'가 나온 경우, 내용상 대과거이더라도 과거시제를 쓴다. 따라서 벌 떼가 죽어간 것이 양봉업자들이 그것을 알아차린 것보다 더 이전의 일이더라도 in 2006이 쓰여 있으므로 과거시제인 were가 적절하다.

해석　미국의 양봉업자들은 그들의 벌 떼가 죽어가고 있다는 것을 2006년에 처음으로 알아차렸다.

15　were

해설　명백한 과거 시점을 나타내는 시간 부사구 in 1991이 있으므로 과거시제인 were가 적절하다.

해석　그 해의 인구조사에 따르면, 1991년 스코틀랜드에는 약 69,000명의 게일어 사용자가 있었다.

16　④ had she entered

해설　빈칸은 주절의 주어와 동사 자리로, hardly와 when이 있는 것으로 보아 '~하자마자 ~했다'라는 뜻의 'Hardly + had + S + p.p. + when[before] + S + 과거동사' 구문이라는 것을 알 수 있다. Hardly 뒤에는 'had + S + p.p.' 형태로 쓰므로 빈칸에는 had she entered가 와야 한다.

해석　그녀가 집에 들어가자마자 누군가가 불을 켰다.

17　① is

해설　빈칸은 명사절 that절의 동사 자리이다. 불변의 진리·과학적 사실·속담·격언은 주절의 시제와 상관없이 항상 현재시제를 사용하는데, 빛이 가장 빠르다는 것은 불변의 진리이므로 빈칸에는 현재시제인 is가 와야 한다.

해석　Albert Einstein은 빛이 우주에서 가장 빠르다는 것을 발견했다.

18　① arrives

해설　빈칸은 부사절의 동사 자리이다. 주절의 시제(will have been waiting)가 미래완료진행이지만 by the time이 이끄는 시간 부사절에서는 현재시제가 미래시제를 대신하므로 빈칸에는 현재시제인 arrives가 와야 한다.

해석　열차가 목적지에 도착할 때쯤이면, 우리는 역에서 한 시간 이상 기다리고 있을 것이다.

19　③ have lost

해설　빈칸은 문장의 동사 자리이다. 현재완료시제와 함께 쓰이는 시간 부사구 'since + 과거 시점' 형태의 Since the middle years of the twentieth century가 있으므로, 빈칸에는 현재완료시제인 have lost가 와야 한다.

해석　20세기 중반 이후로, 영국의 경찰은 그들의 긍정적 이미지를 많이 잃었다.

 기본**개념**잡기

> ### 직설법과 가정법

if로 시작하는 문장은 직설법과 가정법으로 나눌 수 있다. 직설법은 단순히 현재나 미래 상황을 가정하여 그에 따른 결과를 설명하므로 조건절이라고도 한다.

- **If it** doesn't rain **tomorrow, I** will go **out.**
  내일 비가 오지 않으면 나는 나갈 것이다.
  ⋯➔ 실제로 비가 올 수도 오지 않을 수도 있다.

- **If you** study **hard, you** will pass **the exam.**
  네가 공부를 열심히 하면 시험에 합격할 것이다.
  ⋯➔ 실제로 공부를 열심히 할 수도 그렇지 않을 수도 있다.

가정법은 현재나 과거의 상황을 반대로 가정해 보거나, 일어날 가능성이 희박한 미래에 일어날 경우를 가정해 보는 것이다.

- **If we** were **on vacation, we** would be **in Jeju Island.**
  만약 우리가 휴가 중이라면 제주도에 있을 텐데.
  ⋯➔ 가정법을 써서 '우리가 휴가 중이 아니다'라는 현재 사실을 전제로 하여 반대를 가정해 보는 것이다.

- **If I** had **enough money, I** would start **my own business.**
  돈이 충분하다면 창업을 할 텐데.
  ⋯➔ 가정법을 써서 '돈이 충분하지 않다'라는 현재 사실을 전제로 하여 반대를 가정해 보는 것이다.

핵심 포인트 잡기

Point **가정법 과거**

1

현재 사실의 반대를 가정한다. if절의 동사가 be동사일 경우 인칭과 수에 상관없이 were를 쓴다.

> **If + S + 동사의 과거형/were ~, S + should, would, could, might + RV**
> ~하다면, ~할 텐데

- If I <u>were</u> a bird, I <u>would fly</u>.
  내가 새라면, 하늘을 날 텐데.

- If I <u>were</u> in London, I <u>could attend</u> my colleague's wedding.
  내가 런던에 있다면, 나는 내 동료의 결혼식에 참석할 수 있을 텐데.

- If she <u>had</u> a lot of money, she <u>could buy</u> a house.
  그녀가 돈이 많이 있다면, 그녀는 집을 살 수 있을 텐데.

Point **가정법 과거완료**

2

과거 사실의 반대를 가정한다.

> **If + S + had p.p. ~, S + should, would, could, might + have p.p.**
> ~했다면, ~했을 텐데

- If I <u>had studied</u> harder, I <u>would have passed</u> the exam.
  내가 더 열심히 공부했었다면, 그 시험을 통과했을 텐데.

- If she <u>had not helped</u> me, I <u>could have never finished</u> it on time.
  그녀가 나를 도와주지 않았다면, 나는 결코 정시에 그것을 끝낼 수 없었을 텐데.

- If we <u>had followed</u> the instructions carefully, we <u>might have fixed</u> the problem.
  우리가 주의 깊게 지시를 따랐다면, 문제를 고칠 수도 있었을 텐데.

3 불확실한 미래 혹은 실현 불가능한 상황을 가정한다.

> If + S + **should RV** (불확실한 미래) ~, S + should, would, could, might[shall, will, can, may] + RV
> If + S + **were to RV** (불가능) ~, S + should, would, could, might + RV
> ~라면, ~할 것이다

- If the item <u>should not be</u> delivered tomorrow, they <u>would[will] complain</u> about it.
  그 물건이 내일 배송되지 않으면, 그들은 그것에 대해 불평할 것이다.

- If I <u>were to be</u> born again, I <u>would become</u> a doctor.
  내가 다시 태어날 수만 있다면, 나는 의사가 될 것이다.

Point **혼합가정법**

4 가정법 과거완료와 가정법 과거가 혼합된 형태로, 보통 주절에 현재를 나타내는 시간부사(구)들(now, today 등)이 온다.

> If + S + **had p.p.** ~, S + should, would, could, might + RV + (now/today)
> ~했었다면, ~할 텐데

- If I <u>had gone</u> to the party last night, I <u>would be</u> tired today.
  내가 어젯밤에 그 파티에 갔었더라면, 나는 오늘 피곤할 텐데.

- If I <u>had asked</u> for a vacation last month, I <u>would be</u> in Hawaii now.
  내가 지난달에 휴가를 요청했었으면, 지금 하와이에 있을 텐데.

- If he <u>had not been</u> born in Canada, he <u>could speak</u> Korean well now.
  그가 캐나다에서 태어나지 않았더라면, 그는 지금 한국어를 잘할 수 있을 텐데.

Point **가정법 도치**

5

가정법에서 if가 생략되면 주어와 동사가 도치된다.

가정법 과거	**Were** + S ~, S + should, would, could, might + RV
가정법 과거완료	**Had** + S + p.p. ~, S + should, would, could, might + have p.p.
가정법 미래	**Should** + S + RV ~, S + should, would, could, might[shall, will, can, may] + RV **Were** + S + to RV ~, S + should, would, could, might + RV
혼합가정법	**Had** + S + p.p. ~, S + should, would, could, might + RV + (now/today)

- If it were not raining, I would play soccer with my friends.
  = Were it not raining, I <u>would play</u> soccer with my friends.
  비가 안 오면, 친구들과 축구를 할 텐데.

- If I had known him before, I would have married him.
  = Had I known him before, I <u>would have married</u> him.
  내가 그를 예전에 알았더라면, 그와 결혼했을 텐데.

- If the power should go out, the concert would[will] be canceled.
  = Should the power go out, the concert <u>would[will] be</u> canceled.
  정전이 된다면, 그 콘서트는 취소될 것이다.

- If I were to be born again, I would become a teacher.
  = Were I to be born again, I <u>would become</u> a teacher.
  내가 다시 태어난다면, 나는 선생님이 될 것이다.

- If he had been kind to her yesterday, she wouldn't be so upset now.
  = Had he been kind to her yesterday, she <u>wouldn't be</u> so upset now.
  그가 어제 그녀에게 친절했다면, 그녀가 지금 이렇게나 화가 나지 않을 텐데.

~이 없다면 / ~이 없었다면

6

~이 없다면 (가정법 과거)	If it were not for ~, = Were it not for ~, = But[Except] for ~, = Without ~,	S + should, would, could, might + RV
~이 없었다면 (가정법 과거완료)	If it had not been for ~, = Had it not been for ~, = But[Except] for ~, = Without ~,	S + should, would, could, might + have p.p.

- If it were not for water, no living thing could exist.
  = Were it not for water, no living thing could exist.
  = But[Except] for water, no living thing could exist.
  = Without water, no living thing could exist.
    물이 없다면, 어떠한 생물도 존재할 수 없다.

- If it had not been for your help, I could not have found my bag.
  = Had it not been for your help, I could not have found my bag.
  = But[Except] for your help, I could not have found my bag.
  = Without your help, I could not have found my bag.
    너의 도움이 없었다면, 나는 내 가방을 찾을 수 없었을 것이다.

기타 가정법

7

종속절이 가정법 과거	주절의 시제와 같은 때를 가정
종속절이 가정법 과거완료	주절의 시제보다 한 시제 앞선 때를 가정

① **I wish 가정법** '~하면/~했다면 좋을 텐데'

I wish + 가정법 과거 현재 현재 사실의 반대	I wished + 가정법 과거 과거 과거 사실의 반대
I wish + 가정법 과거완료 현재 과거 사실의 반대	I wished + 가정법 과거완료 과거 대과거 사실의 반대

- I wish I <u>had</u> more time to talk with you.
  너와 대화할 시간이 좀 더 많으면 좋을 텐데.

- I wished I <u>had</u> more time to talk with you.
  너와 대화할 시간이 좀 더 많기를 바랐어.

- I wish you <u>had succeeded</u> in the exam.
  네가 시험에 합격했으면 얼마나 좋을까.

- I wished you <u>had succeeded</u> in the exam.
  네가 시험에 합격했으면 얼마나 좋았을까 하고 나는 생각했다.

2 as if[though] 가정법 '마치 ~처럼'

as if[though] + 가정법 과거	마치 ~인 것처럼
as if[though] + 가정법 과거완료	마치 ~이었던 것처럼

- He talks as if[though] he <u>were</u> a real doctor.
  그는 마치 진짜 의사인 것처럼 말한다.

- He talked as if[though] he <u>were</u> a real doctor.
  그는 마치 진짜 의사인 것처럼 말했다.

- He acts as if[though] he <u>had</u> never <u>met</u> me before.
  그는 마치 나를 전에 만난 적이 결코 없었던 것처럼 행동한다.

- He acted as if[though] he <u>had</u> never <u>met</u> me before.
  그는 마치 나를 전에 만난 적이 결코 없었던 것처럼 행동했다.

심순쌤 꿀팁!

as if 직설법

단순한 추측의 의미를 나타내는 경우, 가정법이 아닌 직설법으로 쓸 수 있다.

- It seems as if he <u>is</u> rich.
  그는 부자처럼 보인다.

3 It is time 가정법 '~할 시간이다'

It is (high/about) time	S + should(생략 불가) + RV
	S + 과거동사
	to RV

- It is time you <u>should go</u> to bed.
  = It is time you <u>went</u> to bed.
  = It is time <u>to go</u> to bed.
    이제 자야 할 시간이다.

- It is high time he <u>should leave</u> for the airport.
  = It is high time <u>he left</u> for the airport.
  = It is high time for him <u>to leave</u> for the airport.
    그가 공항으로 출발해야 할 시간이다.

심슨쌤 꿀팁!

if가 없는 가정법

if가 없더라도 조동사 과거형을 단서로 삼아 문맥에 따라 가정법으로 해석할 수 있어야 한다.

- A man of sense would not do such a thing.
  분별이 있는 사람이라면 그러한 일을 하지 않을 것이다.

- To hear him talk, you would take him for a foreigner.
  그가 말하는 것을 듣게 된다면, 너는 그를 외국인으로 착각할 것이다.

- I am engaged now, or I would accept your invitation.
  난 지금 바쁜데, 그렇지 않다면 너의 초대에 응할 것이다.

Exercise

[01 - 22] 다음 중 어법상 적절한 것을 고르시오.

01 If he **[has / had]** money, he would help us.

02 If she **[comes / came]** tomorrow, we will go out for dinner.

03 If you **[didn't take / hadn't taken]** a taxi, you might have been late.

04 I wish I **[studied / had studied]** biology when I was a college student.

05 We would have missed our flight if the alarm **[didn't go / hadn't gone]** off.

06 This kiosk is so confusing. I wish I **[am / were]** used to the new technology.

07 If Olivia had helped him then, he **[would be / would have been]** very rich now.

08 Were it not for gravity, objects **[wouldn't stay / wouldn't have stayed]** on the ground.

01 had

해설 종속절의 if와 주절의 would help를 통해 가정법 과거 문장임을 알 수 있다. 현재 사실의 반대를 가정하는 가정법 과거는 'If + S + 동사의 과거형/were ~, S + 조동사의 과거형 + RV'의 구조를 취하므로, 과거동사 had가 적절하다.

해석 만약 그가 돈이 있다면, 우리를 도울 텐데.

---

02 comes

해설 주절에 미래시제 will go가 쓰인 것으로 보아, 종속절은 조건을 나타내는 부사절이다. 조건의 부사절에서는 현재시제가 미래시제를 대신하므로, comes가 적절하다.

해석 만약 내일 그녀가 온다면, 우리는 저녁을 먹으러 갈 것이다.

---

03 hadn't taken

해설 종속절의 if와 주절의 might have been을 통해 가정법 과거완료 문장임을 알 수 있다. 과거 사실의 반대를 가정하는 가정법 과거완료는 'If + S + had p.p. ~, S + 조동사의 과거형 + have p.p.'의 구조를 취하므로, hadn't taken이 적절하다.

해석 만약 네가 택시를 타지 않았다면, 너는 아마 늦었을 것이다.

---

04 had studied

해설 I wish를 통해 가정법 문장임을 알 수 있는데, when I was a college student라는 과거를 나타내는 시간 부사절이 있으므로 과거 사실과 반대되는 일을 소망하는 가정법 과거완료이다. 따라서 had studied가 적절하다.

해석 내가 대학생이었을 당시에 생물학을 공부했더라면 좋을 텐데.

---

05 hadn't gone

해설 종속절의 if와 주절의 would have missed를 통해 가정법 과거완료 문장임을 알 수 있다. 과거 사실의 반대를 가정하는 가정법 과거완료는 'If + S + had p.p. ~, S + 조동사의 과거형 + have p.p.'의 구조를 취하므로, hadn't gone이 적절하다.

해석 만약 알람이 울리지 않았더라면, 우리는 비행기를 놓쳤을 것이다.

---

06 were

해설 I wish를 통해 가정법 문장임을 알 수 있는데, 앞 문장이 현재시제인 것으로 보아 현재 사실과 반대되는 일을 소망하는 가정법 과거이다. 따라서 과거동사인 were가 적절하다.

해석 이 키오스크는 너무 헷갈린다. 내가 새로운 기술에 익숙하면 좋을 텐데.

---

07 would be

해설 종속절의 then과 주절의 now를 통해서 가정법 과거완료와 가정법 과거가 혼합된 혼합가정법 문장임을 알 수 있다. 혼합가정법은 'If + S + had p.p. ~, S + 조동사의 과거형 + RV + (now/today)'의 구조를 취하므로, would be가 적절하다.

해석 만약 그때 Olivia가 그를 도왔더라면, 그는 지금 엄청난 부자일 텐데.

---

08 wouldn't stay

해설 '~이 없다면'이라는 뜻의 'Were it not for ~'는 가정법 과거에서 if가 생략된 도치 구문이다. 이에 맞춰 주절은 'S + 조동사의 과거형 + RV'의 구조를 취하므로, wouldn't stay가 적절하다.

해석 만약 중력이 없다면, 물체들은 지면에 머물러 있지 않을 것이다.

09 Were books to breathe, I [**will feel** / **would feel**] the pulse of knowledge with every page.

10 [**Did I realize** / **Had I realized**] what you were intending to do, I would have stopped you.

11 If he [**has worked** / **had worked**] harder in high school, he would be a college student now.

12 If I [**were** / **had been**] diligent when I was young, I would be in a much stronger position now.

13 It is high time that we [**address** / **addressed**] the issue of income inequality for a more equitable society.

14 If the Wi-Fi [**hasn't crashed** / **hadn't crashed**], we [**were** / **would be**] video chatting with our friends by now.

15 Greenhouse gas emissions would be significantly reduced if everyone [**uses** / **used**] renewable energy sources.

09 would feel

해설 'Were + S + to RV'는 가정법 미래에서 if가 생략된 도치 구문이다. 이에 맞춰 주절은 'S + 조동사의 과거형 + RV'의 구조를 취하므로, would feel이 적절하다.

해석 만약 책이 숨을 쉰다면, 나는 페이지마다 지식의 맥박을 느낄 텐데.

10 Had I realized

해설 종속절 내 과거시제의 명사절 what you were intending to do와 주절의 would have stopped를 통해 가정법 과거완료 문장임을 알 수 있다. If가 생략되고 도치되면 'Had + S + p.p.'의 구조를 취하므로, Had I realized가 적절하다.

해석 만약 네가 뭘 하려는지 알았더라면, 내가 너를 말렸을 텐데.

11 had worked

해설 종속절의 부사구 in high school과 주절의 a college student now를 통해서 가정법 과거완료와 가정법 과거가 혼합된 혼합가정법 문장임을 알 수 있다. 혼합가정법은 'If + S + had p.p. ~, S + 조동사의 과거형 + RV + (now/today)'의 구조를 취하므로, had worked가 적절하다.

해석 만약 그가 고등학교 다닐 때 더 열심히 공부했더라면, 그는 지금 대학생일 텐데.

12 had been

해설 종속절 내 과거 시점을 나타내는 부사절 when I was young과 주절의 now를 통해서 가정법 과거완료와 가정법 과거가 혼합된 혼합가정법 문장임을 알 수 있다. 혼합가정법은 'If + S + had p.p. ~, S + 조동사의 과거형 + RV + (now/today)'의 구조를 취하므로, had been이 적절하다.

해석 만약 내가 어렸을 때 부지런했더라면, 나는 지금 훨씬 더 힘 있는 위치에 있을 텐데.

13 addressed

해설 It is time 가정법(~할 시간이다)은 'It is (high/about) time that S + should + RV / S + 과거동사 / to RV'의 구조를 취하므로, 과거동사인 addressed가 적절하다.

해석 보다 공정한 사회를 위해 이제는 우리가 소득 불평등 문제를 다뤄야 할 때이다.

14 hadn't crashed, would be

해설 주절의 시간 부사구 by now와 더불어, 해석상 시간 전후 관계는 Wi-Fi가 고장이 난 시점이 과거이고 (Wi-Fi 고장으로 인해) 친구들과 화상 채팅을 못 하고 있는 시점이 현재이므로 각 사실의 반대를 가정하는 가정법 과거완료와 가정법 과거가 혼합된 혼합가정법 문장임을 알 수 있다. 혼합가정법은 'If + S + had p.p. ~, S + 조동사의 과거형 + RV + (now/today)'의 구조를 취하므로, 종속절에 hadn't crashed, 주절에 would be가 적절하다.

해석 만약 Wi-Fi가 고장 나지 않았더라면, 우리는 지금쯤 친구들과 화상 채팅을 하고 있을 텐데.

15 used

해설 종속절의 if와 주절의 would be reduced를 통해 가정법 과거 문장임을 알 수 있다. 현재 사실의 반대를 가정하는 가정법 과거는 'If + S + 동사의 과거형/were ~, S + 조동사의 과거형 + RV'의 구조를 취하므로, 과거동사 used가 적절하다.

해석 만약 모든 사람이 재생 에너지원을 사용한다면 온실가스 배출량이 크게 줄어들 텐데.

16   If I **[have had / had had]** to draw a picture of my future then, it would have been a large gray patch surrounded by black, blacker, blackest.

17   If the weather had been nicer, the concert **[should be held / should have been held]** outdoors; however, unexpected storms forced a relocation.

18   I wish I _____ him to sign my copy of his book yesterday.
① asked   ② have asked   ③ could ask   ④ could have asked

19   The game _____ as scheduled if the typhoon had not been approaching.
① was played   ② had been played
③ might be played   ④ might have been played

20   If you had turned a light toward Mars that day, it _____ Mars in 186 seconds.
① reached   ② would reach
③ would have reached   ④ would have been reached

21   The painting looked as if it _____ to life, so I had to touch it to see if it was real.
① comes   ② came   ③ will come   ④ would have come

22   _____ not told her to wear a seatbelt, she might have been more seriously injured.
① Were he   ② Had he   ③ Has he   ④ If he has

16 had had

해설 종속절의 if, then과 주절의 would have been을 통해 가정법 과거완료 문장임을 알 수 있다. 과거 사실의 반대를 가정하는 가정법 과거완료는 'If + S + had p.p. ~, S + 조동사의 과거형 + have p.p.'의 구조를 취하므로, had had가 적절하다.

해석 만약 그때 내 미래를 그림으로 그려야 했었더라면, 그것은 검고, 더 검고, 가장 검은 것으로 둘러싸인 커다란 잿빛 파편의 그림이었을 것이다.

17 should have been held

해설 종속절의 'if + S + had p.p.'와 주절의 should를 통해 가정법 과거완료 문장임을 알 수 있다. 과거 사실의 반대를 가정하는 가정법 과거완료는 'If + S + had p.p. ~, S + 조동사의 과거형 + have p.p.'의 구조를 취하므로, should have been held가 적절하다.

해석 만약 날씨가 더 좋았더라면 콘서트는 야외에서 열렸어야 했지만, 예상치 못한 폭풍우로 인해 장소를 옮겨야 했다.

18 ④ could have asked

해설 I wish를 통해 가정법 문장임을 알 수 있는데, 과거 시점 부사 yesterday로 미루어 보아 빈칸은 가정법 과거완료 동사 자리이다. 해석상으로도 '내가 어제 그에게 서명을 부탁할 수 있었다면 좋았을 텐데'가 자연스러우므로, 빈칸에는 가정법 과거완료인 could have asked가 와야 한다.

해석 어제 그에게 내가 가지고 있는 그의 저서에 서명해 달라고 부탁할 수 있었다면 좋을 텐데.

19 ④ might have been played

해설 빈칸은 주절의 동사 자리로, 종속절의 'if + S + had p.p.'를 통해 가정법 과거완료 문장임을 알 수 있다. 해석상으로도 '태풍이 (그때) 접근하지 않았더라면 경기가 (그때) 진행될 수도 있었을 텐데'가 자연스러우므로, 빈칸에는 '조동사의 과거형 + have p.p.'의 구조인 might have been played가 와야 한다.

해석 만약 태풍이 접근하고 있지 않았더라면, 경기가 예정대로 진행될 수도 있었을 텐데.

20 ③ would have reached

해설 빈칸은 주절의 동사 자리로, 종속절의 'If + S + had p.p.'를 통해 가정법 과거완료 문장임을 알 수 있다. 해석상으로도 '그날 불빛을 비췄더라면, 그것이 (그날) 닿았을 텐데'가 자연스러우므로, 빈칸에는 '조동사의 과거형 + have p.p.'의 구조이며 뒤에 목적어 Mars를 취할 수 있는 능동태 would have reached가 와야 한다.

해석 만약 네가 그날 화성에 불빛을 비췄더라면, 그 빛은 186초 안에 화성에 닿았을 것이다.

21 ② came

해설 종속절의 as if와 실제의 반대를 상상하는 상황(그림이 살아 움직인다)을 통해 가정법 문장임을 알 수 있으므로, 빈칸은 가정법 과거나 가정법 과거완료 동사 자리이다. 하지만 해석상으로 '마치 그 그림은 살아 움직이는 것처럼 보였다'가 자연스러우므로, 빈칸에는 가정법 과거인 came이 와야 한다. 참고로, 주절(과거시제)과 같은 시점에 일어난 일이면 종속절(as if절)에 동사의 과거형이 오고, 주절보다 이전 시점에 일어난 일이라면 과거완료형이 온다.

해석 마치 그 그림은 살아 움직이는 것처럼 보여서 나는 진짜인지 확인하기 위해 직접 만져봐야 했다.

22 ② Had he

해설 주절의 'might have p.p.'를 통해 가정법 과거완료 문장임을 알 수 있으므로, 빈칸은 가정법 과거완료 시제의 종속절 자리이다. 가정법 과거완료의 종속절은 'If + S + had p.p. ~' 또는 If가 생략되고 도치되면 'Had + S + p.p.'의 구조를 취하므로, 빈칸에는 Had he가 와야 한다.

해석 만약 그가 그녀에게 안전벨트를 매라고 말하지 않았더라면, 그녀는 더 심각한 부상을 입을 수도 있었을 것이다.

기본 개념 잡기

조동사는 동사의 의미에 덧붙여, 말하는 사람의 생각이나 태도를 부각해 준다.

> ### 일반적인 쓰임: 조동사 + RV

조동사 다음에는 반드시 동사원형이 와야 한다.

- He will <u>pass</u> the exam.
  그는 시험에 통과할 것이다.

- She should <u>buy</u> a new laptop computer.
  그녀는 새로운 노트북을 구매해야만 한다.

> ### 조동사 + 조동사 (X)

조동사는 연달아 쓸 수 없다.

1 **will must → will have to**

- We will must finish this project by Thursday. ❌
  → We will have to <u>finish</u> this project by Thursday. ◎
  우리는 이 프로젝트를 목요일까지 완료해야 한다.

2 **will can → will be able to**

- They will can attend the festival next week. ❌
  → They will be able to <u>attend</u> the festival next week. ◎
  그들은 다음 주에 있을 축제에 참석할 수 있을 것이다.

3 **may can → may be able to**
must can → must be able to

- I may can join you for lunch today. ⊗
  - → I may be able to <u>join</u> you for lunch today. ◎
    나는 오늘 점심을 너와 함께할 수 있을지도 모른다.

- Applicants must can work well in a team environment. ⊗
  - → Applicants must be able to <u>work</u> well in a team environment. ◎
    지원자들은 팀 환경에서 잘 근무할 수 있어야 한다.

부정: 조동사 + not

조동사의 부정은 조동사 바로 뒤에 not을 붙인다.

- You must <u>not</u> drive a car.
  넌 자동차를 운전해서는 안 된다.

- He will <u>not</u> come back here.
  그는 이곳으로 돌아오지 않을 것이다.

의문문: 조동사 + S + RV

의문문의 경우 조동사가 앞으로 나간다.

- Can I <u>use</u> your computer?
  네 컴퓨터 써도 돼?

- Should I <u>go</u> there?
  내가 그곳에 가야만 할까?

Point **조동사의 의미**

1

must	반드시[99%] ~해야 한다 (= have to) / 틀림없다 He must go there. 그는 반드시 거기 가야 한다.	must not	반드시 ~아니다 cf don't have to ~할 필요가 없다 He must not go there. 그는 반드시 거기 안 가야 한다.
should	당연히[90%] ~해야 한다 / ~일 것이다 He should go there. 그는 당연히 거기 가야 한다.	should not	당연히 ~아니다 He should not go there. 그는 당연히 거기 안 가야 한다.
may	아마[60%] He may go there. 그는 아마 거기 갈 것이다.	may not	아마 ~아니다 He may not go there. 그는 아마 거기 안 갈 것이다.
can	~할 수 있다 (= be able to) He can go there. 그는 거기 갈 수 있다.	cannot	~할 수 없다 / ~할 리 없다 He cannot go there. 그는 거기 갈 수 없다.
will	~할 것이다 He will go there. 그는 거기 갈 것이다.	will not	~하지 않을 것이다 He will not go there. 그는 거기 가지 않을 것이다.

- You must finish your homework before dinner.
  너는 저녁이 되기 전에 숙제를 끝내야 한다.

- Oh, you must be Sylvia's husband.
  오, 당신은 Sylvia의 남편이 틀림없어요.

- Users must not share their passwords with anyone.
  사용자들은 어떤 누구와도 비밀번호를 공유해서는 안 된다.

- You should apologize for your mistake.
  너는 네가 한 실수에 대하여 사과를 해야 한다.

- We should arrive before dark.
  우리는 어두워지기 전에 도착해야 한다.

- We should not ignore the warning signs.
  우리는 경고 표시를 무시해서는 안 된다.

- They may order pizza for lunch.
  그들은 점심으로 피자를 주문할지도 모른다.

- She may not arrive on time for the appointment.
  그녀는 아마 약속 시간에 맞춰 도착하지 못할 수도 있다.

- Jenny can play the piano.
  Jenny는 피아노를 칠 수 있다.

- He cannot solve the puzzle without help.
  그는 도움 없이 퍼즐을 해결할 수 없다.

- The team cannot lose this game.
  그 팀은 이번 경기에서 질 리가 없다.

- He will visit his hometown next weekend.
  그는 그의 고향을 다음 주말에 방문할 것이다.

- She will not forget your birthday this year.
  그녀는 올해 너의 생일을 잊지 않을 것이다.

심슨쌤 꿀팁!

would, could, might의 쓰임

1 will, can, may의 과거
2 현재의 공손한 표현으로 사용될 수 있다. → 영어의 존댓말
3 기본적으로 추측의 의미를 지닌다.
4 would는 과거의 불규칙적인 습관이나 현재의 강한 희망을 나타내기도 한다.

- Would you mind opening the door?
  문을 좀 열어 주시겠어요?

- Could you open the window, please?
  창문을 좀 열어 주시겠어요?

- You would think he would show more dedication.
  당신은 그가 더 헌신적인 모습을 보여 줄 거라고 생각할 것이다.

- He might have a girlfriend.
  그는 여자 친구가 있을지도 모른다.

- He would often talk to himself when he was alone.
  그는 혼자 있을 때 종종 혼잣말을 하곤 했다.

- I would love to visit Paris someday.
  나는 언젠가 파리를 방문하고 싶다.

Point 2 **조동사의 시제: 조동사 + have p.p.**

'조동사 + have p.p.'는 과거 사건에 대한 추측이나 후회 등을 나타낸다. 여기서 조동사는 mood를, 조동사 뒷부분은 시제를 나타낸다.

must have p.p.	must not have p.p.
~했음이 틀림없다	~하지 않았음이 틀림없다
should have p.p.	should not have p.p.
~했어야 했는데 (하지 않았다)	~하지 말았어야 했는데 (했다)
may[might] have p.p.	may[might] not have p.p.
아마 ~했었을 것이다	아마 ~하지 않았을 것이다
–	cannot have p.p.
–	~했었을 리가 없다
ought to have p.p.	need not have p.p.
~했어야 했는데 (하지 않았다)	~할 필요가 없었는데 (했다)

had better have p.p.	would rather have p.p.	may[might] as well have p.p.
~하는 게 나았을 텐데 (그런데 안 했다)		

- She must have left her wallet in the car.
  그녀는 차 안에 지갑을 두고 온 게 틀림없다.

- I should have arrived earlier.
  나는 좀 더 일찍 도착했어야 했다.

- She might have missed the lecture this morning.
  그녀가 아마 오늘 아침 강의를 놓쳤을 것이다.

- He cannot have eaten all the pizza.
  그가 모든 피자를 다 먹었을 리가 없다.

- You ought to have read the guidelines.
  너는 그 지침서를 읽었어야 했다.

- We need not have bought the cookies.
  우리는 그 쿠키들을 살 필요가 없었다.

- You had better have finished your homework already.
  너는 숙제를 진작에 끝내는 게 나았을 텐데.

- **She** would rather have gone **to bed earlier.**
  그녀가 더 일찍 잠자리에 들었으면 나았을 텐데.

- **He** may as well have studied **for the test last night.**
  그가 어젯밤에 시험공부를 했으면 좋았을 텐데.

Point **구조동사**

3 **①** **구조동사 + RV**

조동사와 마찬가지로 구조동사 뒤에도 동사원형이 온다.

had better RV1 (than RV2)	
would rather RV1 (than RV2)	(RV2하는 것보다) RV1하는 것이 더 낫다
may as well RV1 (as RV2)	
may well RV	RV하는 것도 당연하다
ought to RV	RV해야만 한다
used to RV	RV하곤 했다

- **You** had better do **your homework right now.**
  너는 지금 당장 숙제를 하는 게 낫겠다.

- **I** would rather walk than go **by subway.**
  나는 지하철로 가는 것보다 걷는 것이 더 낫다.

- **You** would rather stay **at the library** than go **with him.**
  너는 그와 함께 가느니 차라리 도서관에 머무는 것이 낫겠다.

- **He** may as well stay **at home** as attend **the boring lecture.**
  그는 지루한 강의에 참석하는 것보다 집에 있는 것이 더 낫다.

- **He** may well want **to take a rest at home.**
  그는 집에서 쉬고 싶어 하는 게 당연하다.

- **They** ought to apologize **to her.**
  그들은 그녀에게 사과해야 한다.

- **She** used to work **overtime last year.**
  그녀는 작년에 야근을 하곤 했었다.

2 구조동사 표현에서 not의 위치

had better <u>not</u> RV	would rather <u>not</u> RV	may as well <u>not</u> RV
may well <u>not</u> RV	ought <u>not</u> to RV	used <u>not</u> to RV(= didn't use to)

- You had better <u>not</u> watch TV too much.
  TV를 너무 많이 시청하지 않는 것이 좋다.

- I would rather <u>not</u> go out for dinner tonight because I am totally exhausted.
  나는 오늘 완전히 지쳤기 때문에 저녁은 외식하지 않는 게 낫겠다.

- He may as well <u>not</u> apply for the job.
  그는 그 일에 지원하지 않는 것이 낫다.

- The package may well <u>not</u> arrive before the weekend.
  그 소포는 주말 전에 도착하지 않을 수도 있다.

- You ought <u>not</u> to skip breakfast.
  너는 아침 식사를 거르지 않아야 한다.

3 used to

used to RV	~하곤 했다
be used to RV	~하는 데 사용되다
be[get] used to RVing	~하는 데 익숙하다[해지다]

- She used to take a walk after dinner.
  그녀는 저녁 식사 후 산책을 하곤 했다.

- She used to play the piano when she was young.
  그녀는 어렸을 때 피아노를 연주하곤 했다.

- Nuclear energy is used to produce electricity.
  원자력은 전기를 생산하는 데 사용된다.

- These ingredients are used to make delicious pasta.
  이 재료들은 맛있는 파스타를 만드는 데에 사용된다.

- I'm used to running every morning for exercise.
  나는 운동으로 매일 아침 달리는 것에 익숙하다.

- I'm used to waiting until the last minute and staying up all night.
  나는 마지막 순간까지 기다렸다가 밤을 새우는 데 익숙하다.

Point

주·요·명·제·충·결 동사 + that + S + (should) RV

4 **1** 당위의 의미를 지니는 경우

주장·요구·명령·제안·충고·결정 동사가 당위(~해야 한다)의 의미를 지니는 that절을 목적어로 취할 경우, that절 내의 동사는 '(should) + RV'의 형태로 쓴다. 이러한 동사들이 명사화되어 동격의 that절을 취하는 경우에도 마찬가지이다.

주장	insist, urge, argue	요구	ask, demand, require, request
명령	order, command	제안	suggest, propose
충고	advise, recommend	결정	decide

- They insist that she (should) be released from prison.
  그들은 그녀가 교도소에서 석방되어야 한다고 주장한다.

- She asked that the government (should) prevent the country from discharging contaminated water.
  그녀는 정부가 그 나라에서 오염된 물을 방출하지 못하도록 막아야 한다고 요구했다.

- The instructions require that we (should) not use a red pen.
  그 안내 사항은 우리가 빨간 펜을 사용하지 않아야 한다고 요구한다.

- She requested that he (should) stay longer for dinner.
  그녀는 그가 저녁 식사를 위해 좀 더 머물 것을 요청했다.

- He ordered that it (should) be done at once.
  그는 그 일이 즉시 처리되어야 한다고 명령했다.

- The doctor suggested that the patient (should) increase his daily exercise time.
  그 의사는 그 환자에게 매일의 운동 시간을 늘리라고 제안했다.

- The broker recommended that she (should) buy the stocks immediately.
  그 중개인은 그녀에게 즉시 주식을 사라고 권했다.

- The celebrity rejected the suggestion that he (should) say something more specific.
  그 유명 인사는 그가 좀 더 구체적인 것을 말해야만 한다는 제안을 거부했다.

② 당위의 의미를 지니지 않는 경우

insist(주장하다)나 suggest(암시하다)의 경우, that절이 당위가 아닌 '사실'을 나타낼 수 있다. 이때 that절 내의 동사는 '(should) + RV'가 아니라, 시제와 수를 일치시킨 동사의 일반적인 형태로 쓴다.

- He insisted that the book was his.
  그는 그 책이 그의 것이라고 주장했다. (실제로 그의 것임)

- She insisted that the party had been canceled.
  그녀는 파티가 취소되었다고 주장했다. (실제로 취소됨)

- Her cryptic message suggested that she was in danger and needed help.
  그녀의 수수께끼 같은 메시지는 그녀가 위험에 처했고 도움을 필요로 했음을 암시했다. (실제로 위험에 처하고 도움을 필요로 함)

- The result of the research suggested that the animal had used the tool.
  그 연구의 결과는 그 동물이 그 도구를 사용했다는 사실을 시사했다. (실제로 사용함)

Point

5

이성적 판단의 형용사 + that + S + (should) RV

that절의 내용에 대해 판단하는 형용사가 올 경우, that절의 동사는 '(should) + RV'의 형태를 취한다.

중요한, 필수적인, 긴요한	important, vital, necessary, essential, required, imperative, urgent
당연한, 마땅한	advisable, desirable, natural, rational, right, proper

- It is important that you (should) attend school every day.
  네가 매일 학교에 출석하는 것이 중요하다.

- It is vital that a doctor (should) treat the patient as soon as possible.
  의사가 가능한 한 빨리 환자를 치료하는 것이 중요하다.

- It is necessary that these conditions (should) be constant.
  이 조건들은 일정해야 한다.

- It is essential that every employee (should) wear protective gear.
  모든 직원이 보호 장비를 착용하는 것은 필수적이다.

- It is advisable that you (should) arrive before your reservation.
  예약 전에 도착하는 것이 좋습니다.

- It is desirable that equal chances (should) be open to all students.
  동등한 기회가 모든 학생에게 열려 있는 것이 바람직하다.

- It is natural that a child (should) love his or her parents.
  아이가 자신의 부모를 사랑하는 것은 당연하다.

Point **조동사 관용 구문**

6 **①** **~하지 않을 수 없다**

cannot but RV	have no choice[alternative] but to RV
cannot help RVing	cannot choose[help] but RV

- She couldn't but wonder **what he was thinking.**
  - = She had no choice[alternative] but to wonder **what he was thinking.**
  - = She couldn't help wondering **what he was thinking.**
  - = She couldn't choose[help] but wonder **what he was thinking.**
    그녀는 그가 무슨 생각을 하고 있는지 궁금하지 않을 수 없었다.

- She couldn't but give up **her goal because of the accident.**
  - = She had no choice[alternative] but to give up **her goal because of the accident.**
  - = She couldn't help giving up **her goal because of the accident.**
  - = She couldn't choose[help] but give up **her goal because of the accident.**
    그녀는 그 사고 때문에 그녀의 목표를 포기할 수밖에 없었다.

② **아무리 ~해도 지나치지 않다**

cannot ~ too (much)	cannot ~ enough
cannot over-RV	It is impossible to over-RV

- We cannot estimate **his good behavior** too much.
  - = We cannot estimate **his good behavior** enough.
  - = We cannot overestimate **his good behavior.**
  - = It is impossible to overestimate **his good behavior.**
    우리는 그의 선행을 아무리 높이 평가해도 지나치지 않다.

Exercise

[01 - 16] 다음 중 어법상 적절한 것을 고르시오.

01 Now he **[is used to eating / used to eat]** with chopsticks.

02 Drivers **[had not better / had better not]** exceed the speed limit on the highway.

03 The counselor recommended that she **[attends / attend]** therapy sessions regularly.

04 Mr. Jenkins **[must / can't]** have driven his aunt to the airport because his car was stolen.

05 Many witnesses insisted that the accident **[take place / had taken place]** on the crosswalk.

06 It is essential that he **[maintains / maintain]** a healthy work-life balance to avoid burnout.

01 is used to eating

해설 'used to RV'는 '(과거에) ~하곤 했다'라는 뜻의 구문이며, 'be used to RVing'는 '~하는 데 익숙하다'라는 뜻의 구문이다. 현재를 나타내는 시간 부사 Now가 쓰여, 문맥상 '식사하는 데 익숙하다'라는 의미가 되어야 하므로 is used to eating이 적절하다.

해석 이제 그는 젓가락으로 식사하는 데 익숙하다.

02 had better not

해설 had better는 '~하는 게 더 낫다'라는 뜻의 구조동사로, 부정형은 'had better not RV'의 형태로 쓴다. 따라서 부정어 not이 had better 뒤에 오는 had better not이 적절하다.

해석 운전자는 고속도로에서 제한 속도를 초과하지 않는 것이 좋다.

03 attend

해설 recommend는 주·요·명·제·충·결 동사로 당위의 의미를 지니는 that절을 목적어로 취할 경우, that절 내의 동사는 '(should) + RV'의 형태로 쓴다. 따라서 주어진 문장에서는 should가 생략되어 있으므로, 동사원형 attend가 적절하다.

해석 그 상담사는 그녀에게 정기적으로 치료 모임에 참석할 것을 권했다.

04 can't

해설 must have p.p.는 '~했음이 틀림없다'라는 뜻이고, cannot have p.p.는 '~했을 리가 없다'라는 뜻이다. 문맥상 'Jenkins 씨가 차를 도난당해서 결국 (차를 운전해서) 이모를 바래다줄 수 없었다'라고 추측하는 것이 자연스러우므로, can't가 적절하다.

해석 Jenkins 씨는 차를 도난당해 이모님을 공항까지 모셔다드렸을 리가 없다.

05 had taken place

해설 주장 동사 insist가 쓰이고 뒤에 that절을 목적어로 취했지만, that절의 내용이 당위가 아닌 '사실'을 서술하고 있으므로 that절의 동사는 '(should) + RV'가 아닌 내용상의 시제로 써 주어야 한다. 사고가 일어난 것은 (그 사실을) 주장하는 것보다 더 이전의 일이므로, 과거완료시제인 had taken place가 적절하다.

해석 많은 목격자들이 그 사고는 횡단보도에서 일어났다고 주장했다.

06 maintain

해설 essential과 같은 이성적 판단을 나타내는 형용사가 주절에 올 때, that절의 동사는 '(should) + RV'의 형태로 쓴다. 따라서 주어진 문장에서는 should가 생략되어 있으므로, 동사원형 maintain이 적절하다.

해석 그가 번아웃을 피하려면 일과 삶의 균형을 건강하게 유지하는 것이 필수적이다.

07 You may as well **[hang / hanging]** the washing out to dry as help your mother set the table.

08 Mia cannot help **[to stick to / sticking to]** her healthy diet even when tempted by delicious desserts.

09 You **[should / must]** have checked the weather forecast before you went hiking. You're thoroughly wet.

10 Since his blood pressure is much higher than it should be, she insists that he **[not smoke / does not smoke]**.

11 The police demanded that she _____ the country for the time being.
① doesn't leave   ② didn't leave   ③ wouldn't leave ④ not leave

07 hang

해설 may as well은 '~하는 것이 더 낫다'라는 뜻의 구조동사로, 'may as well RV1 (as RV2)'의 구조를 취한다. 따라서 조동사 뒤의 자리에는 동사원형인 hang이 적절하다.

해석 너는 어머니가 상 차리시는 것을 도와주는 것보다 차라리 빨래를 밖에 너는 편이 더 낫겠다.

08 sticking to

해설 'cannot help RVing'는 '~하지 않을 수 없다'라는 뜻의 동명사 관용 표현이므로, cannot help 뒤에는 동명사 sticking to가 적절하다.

해석 Mia는 맛있는 디저트의 유혹에도 건강한 식단을 고수하지 않을 수 없다.

09 should

해설 should have p.p.는 '~했어야 했는데 (하지 않았다)'라는 뜻으로 과거 사실에 대한 유감을 나타내고, must have p.p.는 '~했음이 틀림없다'라는 뜻으로 과거 사실에 대한 강한 추측을 나타낸다. 뒤에서 완전히 젖었다는 말을 하고 있으므로, 문맥상 일기 예보를 확인하지 않아 비를 맞았을 것으로 추론할 수 있다. 따라서 과거 사실에 대한 유감을 나타내는 표현이 자연스러우므로 should가 적절하다.

해석 너는 하이킹을 떠나기 전에 일기 예보를 확인했어야 했어. 완전히 젖었잖아.

10 not smoke

해설 insist는 주·요·명·제·충·결 동사로 당위의 의미를 지니는 that절을 목적어로 취할 경우, that절 내의 동사는 '(should) + RV'의 형태로 쓴다. 따라서 조동사 should가 생략된 형태인 not smoke가 적절하다.

해석 그의 혈압이 정상보다 훨씬 더 높기 때문에, 그녀는 그가 금연을 해야 한다고 주장한다.

11 ④ not leave

해설 demand는 주·요·명·제·충·결 동사로 당위의 의미를 지니는 that절을 목적어로 취할 경우, that절 내의 동사는 '(should) + RV'의 형태로 쓴다. 따라서 빈칸에는 조동사 should가 생략된 형태인 not leave가 와야 한다.

해석 경찰은 당분간은 그녀가 나라를 떠나서는 안 된다고 요구했다.

12 The bus route _____ pass by the old library before it was relocated.

① uses to   ② used to   ③ using to   ④ is used to

13 I would rather _____ on a beach in India than sit in class right now.

① lie   ② lay   ③ lying   ④ to be lying

14 The athlete _____ so hard the day before the competition; he is exhausted.

① should have trained   ② should not have trained

③ will have trained   ④ cannot have trained

15 It is necessary that the language _____ in any advertising campaign carefully.

① be examined   ② is examined   ③ was examined   ④ to be examined

16 Something _____ to Peter when I reflect on the abrupt change in his attitude lately.

① must happen   ② should happen

③ must have happened   ④ should have happened

12 ② used to

해설 'used to RV'는 '(과거에) ~하곤 했다'라는 뜻의 구문이며, 'be used to RV'는 '~하는 데 사용되다'라는 뜻의 구문이다. 옛 도서관이 이전했던 것이 과거 시점이고 버스가 그 도서관을 지나갔던 것은 그보다 더 이전 일이므로, 주절의 동사 자리에 해당하는 빈칸에는 과거의 규칙적인 습관이나 상태를 나타내는 조동사 used to가 와야 한다.

해석 옛 도서관이 이전하기 전에는 버스 노선이 그곳을 지나가곤 했다.

13 ① lie

해설 would rather는 '~하는 게 더 낫다'라는 뜻의 구조동사로, 'would rather RV1 (than RV2)'의 구조를 취한다. 따라서 조동사 뒤 동사원형 자리에 해당하는 빈칸에 올 수 있는 것은 lie나 lay인데, 뒤에 목적어가 없으므로 완전자동사인 lie가 와야 한다.

해석 나는 지금 당장 교실에 앉아 있기보다는 인도 해변에 누워 있고 싶다.

14 ② should not have trained

해설 should have p.p.는 '~했어야 했는데 (하지 않았다)'라는 뜻으로, should not have p.p.는 '~하지 말았어야 했는데 (했다)'라는 뜻으로 과거 사실에 대한 유감을 나타낸다. 또한 cannot have p.p.는 '~했었을 리가 없다'라는 뜻으로 과거 사실에 대한 강한 추측을 나타낸다. 뒤 문장에서 선수가 (현재) 지쳐 있다고 했으므로, 문맥상 앞 문장에서는 '경기 전날 너무 무리하게 훈련하지 말았어야 했다'라고 과거에 한 일에 대한 유감을 나타내는 것이 자연스럽다. 따라서 빈칸에는 'should not have p.p.' 형태의 should not have trained가 와야 한다. 참고로, 미래완료시제인 will have trained는 시간의 전후 관계가 맞지 않아 답이 될 수 없다.

해석 그 선수는 경기 전날 너무 무리하게 훈련하지 말았어야 했다. 그가 지쳐 있기 때문이다.

15 ① be examined

해설 necessary와 같은 이성적 판단을 나타내는 형용사가 주절에 올 때, that절의 동사는 '(should) + RV'의 형태로 쓴다. 따라서 빈칸에는 should가 생략된 형태인 동사원형 be examined가 와야 한다.

해석 모든 광고 캠페인에서의 언어는 신중하게 검토될 필요가 있다.

16 ③ must have happened

해설 must RV는 '반드시 ~해야 한다' 혹은 '~임에 틀림없다'라는 뜻이며, should RV는 '당연히 ~해야 한다' 혹은 '~일 것이다'라는 뜻이다. 또한 must have p.p.는 '~했음이 틀림없다'라는 뜻으로 과거 사실에 대한 강한 추측을 나타내고, should have p.p.는 '~했어야 했는데 (하지 않았다)'라는 뜻으로 과거 사실에 대한 유감을 나타낸다. 문맥상 Peter의 최근 급격한 태도 변화를 비추어 볼 때 '(과거에) 무슨 일이 있었음이 틀림없다'라고 추측하는 것이 자연스러우므로, 빈칸에는 must have happened가 와야 한다.

해석 최근 그의 태도가 급변한 것을 생각해 볼 때, 분명 Peter에게 무슨 일이 있었음이 틀림없다.

준동사

⭐ 기본 개념 잡기

▶ 준동사란?

동사의 형태가 바뀌어 다른 품사의 기능을 하는 것을 말한다. 준동사구는 명사구, 형용사구, 부사구의 기능을 한다. 준동사의 종류로는 부정사, 동명사, 분사가 있다. 준동사는 실제로 동사는 아니나 동사의 특징(목적어나 부사구 동반)을 유지하는 것이 특징이다.

▶ to 부정사

부정사는 'to + 동사원형(RV)'의 형태를 가진다. 문장에서 명사, 형용사, 부사의 역할을 한다.

- I like to drink coffee. 나는 커피 마시는 것을 좋아한다.
- I need coffee to drink. 나는 마실 커피가 필요하다.
- I went to the café to drink coffee. 나는 커피를 마시러 카페에 갔다.

▶ 동명사

동명사는 '동사원형(RV) + ing'의 형태를 가진다. 문장에서 명사의 역할을 한다.

- Drinking coffee is my daily habit. 커피를 마시는 것이 나의 일상적인 습관이다.

▶ 분사

분사는 능동의 의미를 나타내는 현재분사와 수동의 의미를 나타내는 과거분사로 나뉜다. 현재분사는 '동사원형(RV) + ing', 과거분사는 '동사원형(RV) + ed'의 형태가 기본적이며 불규칙적으로 변하는 경우도 있다.

- a sleeping baby 자고 있는 아기
- limited access 제한된 접근

핵심 포인트 잡기

Point **to 부정사의 용법**

1

① 명사적 용법

명사로 쓰인 to 부정사는 문장 내에서 주어, 보어, 타동사의 목적어 역할을 한다.

- **To have a true friend is difficult.** [주어]
  진정한 친구를 갖기는 어렵다.

- **To learn a new language requires patience and practice.** [주어]
  새로운 언어를 배우는 것에는 인내와 연습이 필요하다.

- **Her dream is to become a competent engineer.** [주격 보어]
  그녀의 꿈은 유능한 공학자가 되는 것이다.

- **My father wants me to study math hard.** [목적격 보어]
  나의 아버지는 내가 수학 공부를 열심히 하길 원하신다.

- **I would like to order a pizza.** [타동사의 목적어]
  나는 피자를 주문하고 싶다.

- **Olivia decided to travel the world as soon as possible.** [타동사의 목적어]
  Olivia는 가능한 한 빨리 세계 여행을 떠나기로 결정했다.

② 형용사적 용법

1 제한적 용법

to 부정사가 제한적 용법으로 쓰여 명사를 후치 수식할 수 있으며, 그 의미상 주어는 문맥에 따라 다르다.

- **He has a large family to support.** [의미상 주어: He]
  그에겐 부양해야 할 대가족이 있다.

- **She didn't have any money to spend.** [의미상 주어: She]
  그녀는 쓸 돈이 없었다.

- **We need someone to support us.** [의미상 주어: someone]
  우리는 우리를 지지해 줄 누군가가 필요하다.

to 부정사의 수식을 받는 명사가 to 부정사의 목적어인 경우

① to RV의 목적어 자리를 비워 준다.
② RV가 자동사라면 to RV의 목적어와 연결할 수 있는 전치사를 반드시 써 준다.

- I have a lot of books to read them. ⊗
  → I have a lot of books to read. ◎
  나는 읽을 책이 많이 있다.

- a pen to write ⊗ → a pen to write with ◎
  쓸 펜

2 서술적 용법

to 부정사가 서술적 용법으로 쓰여 주격 보어나 목적격 보어의 역할을 할 수 있다. 또한 be to 용법(be동사 + to 부정사)으로 예정, 의도, 의무, 가능, 운명 등을 표현할 수 있다.

- He seems to be an honest man.
  그는 정직한 사람인 것 같다.

- The rumor turned out to be true.
  그 소문은 사실인 것으로 드러났다.

- He is to arrive here this evening. [예정]
  그는 오늘 저녁에 여기에 도착할 것이다.

- If you are to pass, you must study diligently. [의도]
  너는 합격하려면 부지런히 공부해야 한다.

- You are to finish this report by noon. [의무]
  너는 정오까지 그 보고서를 끝마쳐야 한다.

- Nothing was to be seen except snow. [가능]
  눈 말고는 아무것도 보이지 않았다.

- Romeo and Juliet were to fall in love each other. [운명]
  Romeo와 Juliet은 서로 사랑에 빠질 운명이었다.

③ 부사적 용법

to 부정사가 목적, 결과, 감정의 원인, 정도 등을 나타내는 부사의 역할을 할 수 있다.

- **I will lose weight to wear those jeans.** [목적]
  난 그 청바지를 입기 위해 살을 뺄 것이다.

- **She grew up to be a lawyer.** [결과]
  그녀는 자라서 변호사가 되었다.

- **I was surprised to hear the news.** [감정의 원인]
  나는 그 소식을 듣고 놀랐다.

- **The math question is too difficult to solve.** [정도]
  그 수학 문제는 풀기에는 너무 어렵다.

Point 2 ## 동명사의 용법

동명사는 명사로만 쓰이며 문장 내에서 주어, 타동사의 목적어, 보어, 전치사의 목적어 역할을 한다.

- **Seeing is believing.** [주어 / 보어]
  보는 것이 믿는 것이다.

- **She enjoys reading classic literature.** [타동사의 목적어]
  그녀는 고전 문학 읽는 것을 즐긴다.

- **Jay is good at playing tennis.** [전치사의 목적어]
  Jay는 테니스를 잘 친다.

심슨쌤 꿀팁!

동명사와 명사의 차이점

명사와 동명사는 둘 다 문장 안에서 명사적 기능을 하지만 명사는 동사의 성질을 가지고 있지 않아 뒤에 목적어를 취할 수 없다. 반면에 동명사는 동사의 성질을 가지고 있어 뒤에 목적어를 취할 수 있다.

- **The analysis of the data is important to the project.**
  데이터의 분석은 프로젝트에 중요하다.

- **Analyzing the data is important to the project.**
  데이터를 분석하는 것은 프로젝트에 중요하다.

- **The use of smartphones in cars is dangerous.**
  차 안에서 스마트폰 사용은 위험하다.

- **Using smartphones in cars is dangerous.**
  차 안에서 스마트폰을 사용하는 것은 위험하다.

분사의 용법

3 **①** **형용사적 용법**

분사는 RVing 혹은 p.p. 형태로 명사를 수식·설명하는 형용사 역할을 할 수 있다.

- a sleeping cat in the house
  집에서 자고 있는 고양이

- the water boiling in the kettle
  주전자에서 끓는 물

- books written in easy Japanese
  쉬운 일본어로 쓰인 책

- I saw the children playing in the garden.
  나는 정원에서 놀고 있는 아이들을 보았다.

- The door remained locked.
  그 문은 잠겨 있었다.

- She found the window broken.
  그녀는 부서진 창문을 발견했다.

> 📢 심슨쌤 꿀팁!

분사의 형용사화

아래의 분사들은 하나의 형용사처럼 자주 쓰이므로, 뜻을 암기해 두도록 한다.

missing	실종된, 사라진	missed	놓친
experienced	경험[경력]이 많은	complicated	복잡한
challenging	어려운, 힘든	demanding	까다로운

- The police are searching for the missing child.
  경찰은 실종된 아이를 찾고 있다.

- He regretted the missed opportunity to invest.
  그는 투자할 기회를 놓친 것을 후회했다.

- The company is looking for an experienced IT professional.
  그 회사는 경험이 많은 IT 전문가를 찾고 있다.

- The system seems too complicated.
  그 시스템은 너무 복잡해 보인다.

- Learning a new language can be challenging.
  새로운 언어를 배우는 것은 어렵다.

- The company has very demanding standards for its employees.
  그 회사는 직원들에게 매우 까다로운 기준을 가지고 있다.

🍯 심슨쌤 꿀팁!

동사의 과거형과 과거분사의 형태가 같은 경우

먼저 문장 구조를 통해 동사인지 준동사인지를 확인해야 한다. 동사의 과거형이라면 능동의 의미를, 과거분사(준동사)라면 수동의 의미를 나타낼 것이다.

· My mom made a new suit for me. [동사의 과거형]
  엄마는 나에게 새 옷을 지어 주셨다.

· We lived in a house made of brick. [과거분사]
  우리는 벽돌로 지어진 집에 살았다.

---

2 **부사적 용법: 분사구문**

1 분사구문의 기본 형태

1st 접속사를 없앤다. (의미를 강조하기 위해 생략하지 않을 수도 있다.)

2nd 분사구문의 주어가 주절의 주어와 같으면 없애고(일반형 분사구문), 다르면 남겨 둔다(독립분사구문).

3rd 동사를 무조건 RVing로 바꾼다. 이때 문장 맨 앞의 Being이나 Having been은 생략이 가능하다.

> (접속사) + RVing(능동)/p.p.(수동)/형용사/전명구 ~, S + V

· When she feels gloomy, she listens to her favorite music.
1st ~~When~~ she feels gloomy, she listens to her favorite music.
2nd ~~She~~ feels gloomy, she listens to her favorite music.
3rd Feeling gloomy, she listens to her favorite music. [일반형 분사구문]
  우울한 기분이 들 때, 그녀는 좋아하는 음악을 듣는다.

· Though the book is written in simple English, it is still difficult for me to read.
1st ~~Though~~ the book is written in simple English, it is still difficult for me to read.
2nd ~~The book~~ is written in simple English, it is still difficult for me to read.
3rd (Being) Written in simple English, it is still difficult for me to read. [일반형 분사구문]
  그 책은 쉬운 영어로 쓰여 있지만, 그럼에도 나에게는 여전히 읽기 어렵다.

· If it is fine, we will go on a picnic tomorrow.
1st ~~If~~ it is fine, we will go on a picnic tomorrow.
2nd It is fine, we will go on a picnic tomorrow.
3rd It being fine, we will go on a picnic tomorrow. [독립분사구문]
  날씨가 좋으면 우리는 내일 소풍을 갈 것이다.

· As the bookstore was closed, he couldn't buy the textbook for his class.
1st ~~As~~ the bookstore was closed, he couldn't buy the textbook for his class.
2nd The bookstore was closed, he couldn't buy the textbook for his class.
3rd The bookstore being closed, he couldn't buy the textbook for his class. [독립분사구문]
  서점이 문을 닫았기 때문에, 그는 수업용 교과서를 살 수 없었다.

☑ 부대 상황의 분사구문 with

전치사 with를 이용한 부사구로도 부대 상황을 표현할 수 있으며, 'O가 ~하면서, ~한 채로'로 해석한다.

> with + O + RVing(능동)/p.p.(수동)/형용사(구)/전명구

- **With her father <u>watching</u>, she was playing the violin.**
  그녀의 아빠가 지켜보는 가운데, 그녀는 바이올린을 연주했다.

- **They walked closely together with their arms <u>locked</u>.**
  그들은 서로 팔짱을 낀 채로 바싹 붙어서 걸어갔다.

- **The baby fell asleep with his eyes <u>open</u>.**
  아기는 눈을 뜬 채로 잠이 들었다.

- **I walked down the street with my hand <u>in my pocket</u>.**
  나는 주머니에 손을 넣은 채로 길을 걸었다.

Point

준동사의 의미상 주어

4 **①** ### to 부정사의 의미상 주어

to 부정사의 의미상 주어는 기본적으로 'for + 목적격'이다. 그러나 아래와 같은 사람의 성격을 나타내는 형용사 뒤에 쓰인 to 부정사의 의미상 주어는 'of + 목적격'의 형태로 나타낸다.

kind	wise	clever	thoughtful	considerate	careful
generous	stupid	foolish	cruel	rude	careless

- **It is impossible for me to read Greek.**
  내가 그리스어를 읽는 것은 불가능하다.

- **It is essential for him to take his medication regularly.**
  그가 규칙적으로 약을 먹는 것은 필수적이다.

- **It is very kind of you to help me.**
  네가 나를 도와주는 것은 정말 친절하다.

- **It is clever of them to suggest a good solution.**
  그들이 좋은 해결책을 제안하는 것은 영리하다.

- **It is considerate of you to remember my birthday.**
  네가 내 생일을 기억해 주는 것은 사려 깊다.

- **It is careful of us to lock the doors before going outside.**
  우리가 밖에 가기 전에 문을 잠그는 것은 주의 깊은 일이다.

- It is stupid of her to make that mistake.
  그녀가 그런 실수를 하는 것은 멍청하다.

- It was rude of me to have kept you waiting.
  내가 널 기다리게 한 것은 무례했다.

심슨쌤 꿀팁!

독립부정사

의미상 주어와 관계없이 독립적으로 쓰이는 관용구로, 접속부사구의 역할을 한다.

to make matters worse (= what is worse)	설상가상으로	to tell the truth	사실을 말하자면
to be honest[frank]	솔직히 말하면	to be brief[short]	간단히 말해서, 요컨대
to say nothing of (= not to speak of, not to mention)	~은 말할 것도 없고	needless to say	말할 필요도 없이

- To make matters worse, there is a report that another typhoon will arrive soon.
  설상가상으로, 또 다른 태풍이 곧 올 것이라는 보도가 있다.

- To be honest, I was disappointed with the results of the exam.
  솔직히 말하면, 나는 시험 결과에 실망했다.

- He is a successful businessman, not to mention a loving father and husband.
  그는 다정한 아버지이자 남편인 것은 말할 것도 없고 성공한 사업가이다.

- She attempted a new method, and needless to say had different results.
  그녀는 새로운 방법을 시도했고, 말할 필요도 없이 다른 결과가 나왔다.

② 동명사의 의미상 주어

동명사의 의미상 주어는 소유격으로 쓰는 것이 원칙이다. 그러나 일반명사의 경우 목적격도 허용한다.

- I appreciate your giving me advice.
  네가 나에게 충고를 해줘서 고마워.

- She is proud of her son('s) being the brightest in the class.
  그녀는 그녀의 아들이 학급에서 가장 똑똑하다는 것을 자랑스러워한다.

- My mother is sure of my sister('s) passing the exam.
  우리 엄마는 여동생이 시험에 통과할 것을 확신한다.

③ 분사(구문)의 의미상 주어: 독립분사구문

분사구문에서 분사의 의미상 주어는 보통 주절의 주어와 같아 생략되지만, 다를 경우 분사 앞에 의미상 주어를 써 주어야 하는데, 이때 분사의 의미상 주어는 주격으로 쓴다. (단, it/there 외에 다른 대명사는 독립분사구문으로 쓸 수 없다.)

- The sun having set, we gave up looking for them.
  해가 졌기 때문에, 우리는 그들을 찾는 것을 포기했다.

- It being fine tomorrow, we will go on a picnic.
  내일 날씨가 좋으면, 우리는 소풍을 갈 것이다.

- There being heavy rain, the outdoor concert was canceled.
  폭우가 내렸기 때문에, 야외 콘서트는 취소되었다.

심슨쌤 꿀팁!

비인칭 독립분사구문

분사구문의 의미상 주어가 일반인일 경우 주절의 주어와 다르더라도 생략하여 하나의 관용어구처럼 쓸 수 있는데, 이를 비인칭 독립분사구문이라고 한다.

■ 비인칭 독립분사구문

judging from	~로 판단하건대	generally speaking	일반적으로 말하자면

- Judged from his appearance, he seems to be rich. ❌
  → Judging from his appearance, he seems to be rich. ◎
  그의 겉모습으로 판단하건대, 그는 부자인 것처럼 보인다.
- Generally speaking, they are showing poor performances.
  일반적으로 말하자면, 그들은 부진한 성과를 보여주고 있다.

2 분사형 전치사

regarding + 명	~에 관하여	including + 명	~을 포함하여
given + 명/S+V	~을 고려하면	considering + 명/S+V	~을 고려하면

- Regarding his age, he has some concerns.
  그의 나이에 관하여, 그는 우려가 좀 있다.

- Including his lunch, he packed four meals in total.
  그의 점심을 포함하여, 그는 총 네 끼의 식사를 챙겼다.

- Given his age, he is surprisingly healthy.
  그의 나이를 고려하면, 그는 놀라울 정도로 건강하다.

- Considering his age, he looks young.
  그의 나이를 고려하면, 그는 젊어 보인다.

  cf All things considered, she is the best-qualified person for the position.
  모든 점이 고려된다면, 그녀가 그 직위에 가장 적임인 사람이다.

  Considered innocent, he was released.
  그는 무죄로 간주되어 석방되었다.

  Considering him a god, they worshipped him.
  그들은 그를 신으로 여겨, 그를 숭배했다.

Point ## 준동사의 부정

5 not, never 등의 부정어를 준동사 바로 앞에 위치시킨다.

ex not to RV, in order not to RV, so as not to RV

- He ordered me not to move.
  그는 나에게 움직이지 말라고 명령했다.

- We have decided not to commission a new project.
  우리는 새로운 프로젝트를 의뢰하지 않기로 결정했다.

- Not doing any exercise is harmful to our health.
  어떤 운동도 하지 않는 것은 건강에 해롭다.

- Never drinking again will be difficult for her.
  다시는 술을 마시지 않겠다는 것은 그녀에게 어려울 것이다.

6

① 준동사의 능·수동 판별

① 준동사의 의미상 주어를 먼저 파악한다. (의미상 주어는 주로 앞에 나온 명사 or 꾸밈을 받는 명사이다.)
② 뒤의 명사 유무와 역질문을 통해 능·수동 문제를 푼다.

	능동	수동
to 부정사	to RV	to be p.p.
동명사	RVing	being p.p.
분사	RVing	p.p.

- They are planning to purchase a new house. [to 부정사 능동]
  그들은 새 집을 구매할 계획을 세우고 있다.

- All assignments are expected to be submitted on time. [to 부정사 수동]
  모든 과제는 제시간에 제출될 것이 요구된다.

- My goal is improving my communication abilities. [동명사 능동]
  나의 목표는 의사소통 능력을 향상시키는 것이다.

- Sarah is upset about being treated like a young child. [동명사 수동]
  Sarah는 어린아이처럼 취급받는 것에 화가 났다.

- Look at the sleeping cat under the tree. [분사 능동]
  나무 아래에서 자고 있는 고양이를 보아라.

- They watched the sunset while drinking hot tea. [분사 능동]
  그들은 뜨거운 차를 마시는 동안에 일몰을 보았다.

- My badly damaged windows cost me a lot of money. [분사 수동]
  심하게 손상된 창문 때문에 돈이 많이 들었다.

- Left alone in her room, she tried to practice her guitar. [분사 수동]
  방에 혼자 남겨진 그녀는 기타를 연습하고자 노력했다.

② 능동의 형태로 수동의 의미를 나타내는 준동사

need, want, deserve 동사의 경우 목적어에 온 동명사가 수동의 의미를 나타낼 수 있다.

- The house needs _painting_.
  = The house needs to be painted.
    그 집은 페인트칠 될 필요가 있다.

준동사의 시제

7

준동사의 시제가 문장의 본동사의 시제와 같을 때는 단순시제, 본동사의 시제보다 빠를 때는 완료시제로 나타낸다. 'seem to RV'나 'be p.p. + to RV'의 구조에서 또는 in one's youth[school days, childhood], when young 등 명백한 과거 시간을 나타내는 부사구가 주어지는 경우 준동사의 시제에 주의해야 한다.

	단순시제 / 단순수동시제	완료시제 / 완료수동시제
to 부정사	to RV / to be p.p.	to have p.p. / to have been p.p.
동명사	RVing / being p.p.	having p.p. / having been p.p.
분사	RVing / p.p.	having p.p. / (having been) p.p.

- **He seems** to be rich. [to 부정사 단순시제]
  그는 부자인 것처럼 보인다.

- **He seems** to have been **rich when young.** [to 부정사 완료시제]
  그는 젊었을 때 부자였던 것 같다.

- **He claims** to have been robbed **yesterday.** [to 부정사 완료수동시제]
  그는 어제 도둑을 맞았다고 주장한다.

- **She is proud of** being rich. [동명사 단순시제]
  그녀는 부유한 것을 자랑스러워한다.

- **She is proud of** having been **rich when young.** [동명사 완료시제]
  그녀는 젊었을 때 부자였던 것을 자랑스러워한다.

- Studying **hard, I got a good score.** [분사 단순시제]
  나는 열심히 공부해서 좋은 점수를 받았다.

- Injured **so badly, I couldn't walk anymore.** [분사 단순수동시제]
  나는 너무나도 심하게 다쳐서 더 이상 걸을 수 없었다.

- Having already eaten **dinner, she wasn't hungry.** [분사 완료시제]
  그녀는 이미 저녁을 먹었기 때문에, 배가 고프지 않았다.

동명사 목적어 vs to 부정사 목적어

8 ❶ to 부정사와 동명사 둘 다 목적어로 취하는 동사

to 부정사와 동명사 둘 다 목적어로 취하는 동사 중, 특히 의미가 달라지는 경우에 주의해야 한다. 기본적으로 to 부정사는 '미래지향적'이고 동명사는 '과거(반복)지향적'이다. 하지만 미래지향적인지 과거지향적인지에만 초점을 맞추어 문제를 풀면 틀리기 쉬우므로, 그 동작이 '일어났는지', '일어나지 않았는지'에 초점을 맞추어야 한다.

	to RV(동작이 아직 안 일어남)	RVing(동작이 일어남)
remember	~하기로 한 것을 기억하다	~한 것을 기억하다
forget	~하기로 한 것을 잊다	~한 것을 잊다
stop	~하기 위해 멈추다	~하는 것을 그만두다
regret	~하게 돼서 유감이다	~한 것을 후회하다
try	~하기 위해 노력하다	시험 삼아 ~해보다

- I remembered <u>to submit</u> the report by Friday.
  나는 금요일까지 보고서를 제출하기로 한 것을 기억했다.

- I remember <u>learning</u> piano when I was young.
  나는 어릴 때 피아노를 배웠던 것을 기억한다.

- She forgot <u>to feed</u> the cat before leaving for vacation.
  그녀는 휴가를 떠나기 전에 고양이에게 먹이 주는 것을 잊었다.

- He'll never forget <u>seeing</u> her at the library.
  그는 도서관에서 그녀를 보았던 것을 결코 잊지 못할 것이다.

- She stopped <u>to listen</u> to the street musician's performance.
  그녀는 길거리 음악가의 공연을 듣기 위해 멈췄다.

- He stopped <u>eating</u> junk food because of his health concerns.
  그는 건강상의 염려 때문에 인스턴트 식품 먹는 것을 그만두었다[끊었다].

- I regret <u>to say</u> that I cannot attend the meeting.
  회의에 참석할 수 없음을 알리게 되어 유감입니다.

- I regret <u>spending</u> so much money on unnecessary things.
  나는 쓸데없는 물건에 너무 많은 돈을 쓴 것을 후회한다.

2 동명사 목적어를 취하는 동사: MEGAPEPFA

Mind	꺼리다	Enjoy	즐기다	Give up	포기하다
Avoid	피하다	Postpone	연기하다	Escape	피하다
Practice	연습하다	Finish	끝내다	Appreciate	감사하다

- I don't mind <u>waiting</u> in line.
  나는 줄을 서는 것을 꺼리지 않는다.

- We all enjoy <u>watching</u> movies together on weekends.
  우리는 모두 주말에 함께 영화를 보는 것을 즐긴다.

- She gave up <u>waiting</u> for the bus and decided to walk home.
  그녀는 버스를 기다리는 것을 포기하고 집에 걸어가기로 결정했다.

- They avoided <u>going</u> to the beach due to the bad weather forecast.
  그들은 나쁜 날씨 예보 때문에 그 해변에 가는 것을 피했다.

- He postponed <u>finishing</u> the project until next week.
  그는 프로젝트를 다음 주까지 미루기로 했다.

- She escaped <u>doing</u> the dishes by going for a walk.
  그녀는 산책을 가는 것으로 설거지하는 것에서 벗어났다.

- They should practice <u>playing</u> the guitar whenever they can.
  그들은 가능할 때마다 기타 연주를 연습해야 한다.

- They finished <u>building</u> the new playground for the children.
  그들은 아이들을 위한 새로운 놀이터를 만드는 것을 끝냈다.

- She appreciates <u>spending</u> quiet evenings at home with a good book.
  그녀는 좋은 책과 함께 조용한 저녁을 보내는 것을 감사히 여긴다.

③ to 부정사 목적어를 취하는 동사: 소기계약동결(소고기 가격 계약 동결)

소망·기대	want, hope, desire, expect
계획	plan
약속	promise
동의	agree
결정	choose, decide, refuse
기타	afford, fail

- She wants to travel around the world someday.
  그녀는 언젠가 세계 일주를 하기를 원한다.

- They hope to finish the project by the end of the month.
  그들은 이달 말까지 프로젝트를 끝내기를 희망한다.

- He expects to receive a promotion after working hard for years.
  그는 오랜 시간 노력한 끝에 승진을 받기를 기대한다.

- The student plans to study for the exam next week.
  학생은 다음 주에 시험을 공부할 계획이다.

- They agreed to meet at the cafeteria for lunch.
  그들은 점심때 카페에서 만나기로 합의했다.

- She chose to pursue a career in medicine.
  그녀는 의학 분야에서의 경력을 추구하기로 선택했다.

- The company decided to provide more vacation days for its employees.
  그 회사는 직원들에게 더 많은 휴가를 제공하기로 결정했다.

- The government refused to pass the new bill.
  정부는 새로운 법안을 통과시키기를 거부했다.

- We couldn't afford to pay our rent this month.
  우리는 이번 달에 집세를 낼 여유가 없었다.

- He failed to get tickets for the concert because they sold out quickly.
  그는 콘서트 티켓이 빨리 매진되어서 그것을 얻지 못했다.

심슨쌤 꿀팁!

would like to RV vs feel like RVing '～하고 싶다'

타동사 like[love]는 목적어로 동명사와 to 부정사 둘 다 취하지만, would like[love]는 목적어로 to 부정사만 취할 수 있다. 또한 would like는 want와 마찬가지로 'would like + O + to RV'의 5형식 형태를 취할 수 있다. 반면, feel like(자동사 + 전치사)는 목적어로 to 부정사를 취하지 못하며 동명사만 취할 수 있다.

- I would like to pass **the exam.**
  나는 시험에 합격하고 싶다.

- I would like you to read **the passage.**
  나는 네가 그 구절을 읽기를 원한다.

- I feel like crying.
  나는 울고 싶다.

Point **동명사 관용 표현**

9 ① 전치사 to + 동명사

look forward to	~을 고대하다	be used to be accustomed to	~에 익숙하다
object to be opposed to	~에 반대하다	with a view[eye] to	~할 목적으로
What do you say to ~?	~하는 건 어때?	when it comes to	~에 관해 말하자면

- **They are** looking forward to **meeting** the President.
  그들은 대통령을 만나기를 고대하고 있다.

- I am used to **getting up** early in the morning.
  나는 아침에 일찍 일어나는 데 익숙하다.

- She objects to **being asked out** by people at work.
  그녀는 직장에서 사람들로부터 데이트 신청을 받는 것에 반대한다.

2 동명사 관용 표현 및 대체 표현

1 It is no use[good] RVing '~해도 소용없다' → It is no use to RV ✕

- It is no use trying to persuade me.
- = It is of no use to try to persuade me.
- = There is no use (in) trying to persuade me.
- = It is useless to try to persuade me.
  나를 설득하려 해도 소용없다.

2 There is no RVing '~하는 것은 불가능하다'

- There is no telling what will happen tomorrow.
- = It is impossible to tell what will happen tomorrow.
  내일 어떤 일이 일어날지는 아무도 알 수 없다.

3 be worth RVing '~할 가치가 있다' → be worth to RV ✕

worth는 형용사이지만 (동)명사를 목적어로 취할 수 있다.

- This book is worth reading.
  이 책은 읽을 가치가 있다.

4 be busy (in) RVing '~하느라 바쁘다'

- He is busy (in) preparing for the exam.
  그는 시험 준비에 바쁘다.

5 It goes without saying that '~은 말할 것도 없다'

- It goes without saying that health is above wealth.
- = It is needless to say that health is above wealth.
  건강이 부보다 중요하다는 것은 말할 것도 없다.

6 make a point of RVing '꼭 ~하다, ~하는 것을 원칙으로 삼다'
= make it a rule to RV

- I make a point of playing tennis every other day.
- = I make it a rule to play tennis every other day.
  나는 격일로 테니스 치는 것을 원칙으로 삼고 있다.

7 **be on the point[edge, brink, verge] of RVing** '막 ~하려고 하다'

- The secret is on the point of being revealed.
  = The secret is about to be revealed.
    그 비밀이 폭로될 찰나에 있다.

8 **have difficulty[trouble, a hard time] (in) RVing** '~하는 데 어려움을 겪다'

- I have difficulty (in) remembering names.
    나는 이름을 기억하는 데 어려움을 겪는다.

9 **spend + 시간/돈 + (in) RVing** 'RV하는 데 시간/돈을 쓰다'

- She spent all afternoon (in) reading a novel.
    그녀는 오후 내내 소설을 읽는 데 시간을 보냈다.

   cf **spend A on B(명사)** 'A를 B에 쓰다/보내다'

- He spent much time on the report.
    그는 보고서에 많은 시간을 들였다.

10 **come near to RVing** '거의 ~할 뻔하다'

- Turning the corner, my car came near to running into a truck.
    모퉁이를 돌면서 내 차는 하마터면 트럭과 충돌할 뻔했다.

11 **above RVing** '결코 ~하지 않을'

- He is above telling a lie.
  = He is far from telling a lie.
  = He is the last man to tell a lie.
  = He will never tell a lie.
    그는 거짓말할 사람이 결코 아니다.

12 **How[What] about RVing?** '~하는 게 어때?'

- How[What] about going out for a walk?
    산책하러 나가는 게 어때요?

Exercise

[01 - 24] 다음 중 어법상 적절한 것을 고르시오.

01   Would you mind [my / me] opening the window?

02   The grass in the yard needs [cutting / being cut].

03   [Walking / Walked] along the street, I met an old friend.

04   It was very kind [for / of] you to tell me how to get there.

05   The dragon was a [terrifying / terrified] sight for the villagers.

06   His plan for the smart city was worth [considering / considered].

01 my

해설 동명사의 의미상 주어는 소유격으로 쓰는 것이 원칙이지만, 일반명사가 의미상 주어인 경우 목적격도 허용한다. 따라서 대명사가 동명사 opening 의 의미상 주어이므로 my가 적절하다.

해석 제가 창문을 열어도 될까요?

02 cutting

해설 need, want, deserve 등의 동사가 동명사 목적어를 취할 경우, 동명사는 RVing 형태이지만 수동의 의미를 나타낼 수 있다. 따라서 주어인 잔디가 '깎아질' 필요가 있는 것이므로 cutting이 적절하다. 이때 의미가 수동이라고 해서 동명사 수동형 being p.p.로 쓰지 않음에 유의한다. 참고로, to 부정사의 수동태로도 같은 의미를 표현할 수 있다.

해석 마당에 있는 잔디는 깎일 필요가 있다.

03 Walking

해설 분사구문의 의미상 주어가 주절의 주어와 같아 생략된 형태로, 주어 I가 '걷는' 것이므로 능동의 현재분사 Walking이 적절하다.

해석 혼자 길을 걷다가, 나는 오랜 친구를 만났다.

04 of

해설 kind는 '친절한'이라는 뜻의 형용사이고, 사람의 성격을 나타내는 형용사 뒤에 쓰인 to 부정사의 의미상 주어는 'of + 목적격'의 형태로 나타내므로 of가 적절하다.

해석 나에게 거기 가는 방법을 알려 주다니 정말 친절하다.

05 terrifying

해설 앞에 온 분사의 수식을 받는 명사이자 의미상 주어인 광경이 '무서움을 주는' 것이므로 능동의 현재분사 terrifying이 적절하다. 참고로, 'a + RVing/p.p. + 명사'에서 분사가 뒤의 명사를 수식하므로 분사의 의미상 주어는 수식받는 명사이다.

해석 그 용은 그 주민들에게 공포스러운 모습이었다.

06 considering

해설 'be worth RVing'는 '~할 가치가 있다'라는 뜻의 동명사 관용 표현이므로, 동명사 considering이 적절하다. 참고로, worth 뒤에 오는 동명사는 수동으로 해석된다.

해석 그의 스마트 시티 계획은 고려해 볼 가치가 있었다.

07   I remember **[to meet / meeting]** him in London three years ago.

08   He just watched me moving the desk without **[to help / helping]** me.

09   I look forward to **[receive / receiving]** your reply as soon as possible.

10   **[Asking / Asked]** why he did so by a fellow passenger, Gandhi smiled.

11   I watched a man on the Metro **[try / tried]** to get off the train urgently.

12   Mary shut herself up in the room with all the windows **[sealing / sealed]**.

07 meeting

해설 'remember to RV'는 '~하기로 한 것을 기억하다'라는 뜻이고, 'remember RVing'는 '~한 것을 기억하다'라는 뜻이다. 과거시제의 부사구 three years ago가 있는 것으로 보아, 문맥상 '만난 것을 기억하는' 것이기 때문에 meeting이 적절하다.

해석 나는 그를 3년 전 런던에서 만났던 것을 기억한다.

08 helping

해설 전치사 뒤에는 to 부정사가 올 수 없고 (동)명사가 와야 하므로 helping이 적절하다.

해석 그는 나를 도와주지 않고 내가 책상을 옮기는 것을 지켜보기만 했다.

09 receiving

해설 'look forward to RVing'는 '~을 고대하다'라는 뜻의 동명사 관용 표현이므로, 동명사 receiving이 적절하다. 참고로, 여기서 to는 to 부정사의 to가 아닌 전치사 to이므로 뒤에 (동)명사가 온다.

해석 나는 너의 답장을 가능한 한 빨리 받기를 고대한다.

10 Asked

해설 분사구문의 의미상 주어가 주절의 주어와 같아 생략된 형태로, 주어 Gandhi가 '질문하는' 것이 아니라 '질문을 받은' 것이므로 수동의 과거분사 Asked가 적절하다. 참고로, 4형식 동사 ask의 직접목적어 역할을 하는 의문사절 why he did so가 수동태가 되면서 분사 Asked 뒤에 남은 구조이다.

해석 왜 그렇게 했느냐고 동승자한테 질문을 받자, Gandhi는 미소 지었다.

11 try

해설 지각동사 watch는 목적어와 목적격 보어의 관계가 능동일 경우 목적격 보어 자리에 RV/RVing를, 수동일 경우 p.p.를 쓴다. 목적어인 한 남자가 '시도하는' 것이므로, 원형부정사인 try가 적절하다.

해석 나는 지하철을 탄 한 남자가 전동차에서 급히 내리려고 하는 것을 지켜보았다.

12 sealed

해설 'O가 ~하면서, ~한 채로'라는 뜻의 부대 상황을 나타내는 'with + O + OC' 분사구문이 쓰인 문장이다. 이때 O와 OC의 관계가 능동일 경우 OC 자리에 현재분사를, 수동일 경우 과거분사를 쓴다. 목적어인 창문이 '봉해진' 것이므로, 수동의 과거분사 sealed가 적절하다.

해석 Mary는 모든 창문을 봉한 채 방에 틀어박혀 있었다.

13 Upon **[arriving / arrived]**, he took full advantage of the new environment.

14 He was getting accustomed to **[use / using]** his left hand after the accident.

15 It is no use **[to hope / hoping]** for a quick solution to the complex problem.

16 Go to a fairly quiet place where you are not likely to **[disturb / be disturbed]**.

17 The law prohibits civil petitioners from **[threatening / being threatened]** officials.

18 **[Convincing / Convinced]** that he made a mistake, he apologized to his customers.

13 arriving

해설 전치사 뒤에는 (동)명사가 와야 하므로, 동명사 arriving이 적절하다. 참고로, 'Upon RVing'는 '~하자마자'라는 뜻을 가진 관용 표현이다.

해석 도착하자마자, 그는 새로운 환경을 최대한 활용했다.

14 using

해설 'get accustomed to RVing'는 '~에 익숙해지다'라는 뜻의 동명사 관용 표현이므로, 동명사 using이 적절하다. 참고로, 여기서 to는 to 부정사의 to가 아닌 전치사 to이므로 뒤에 (동)명사가 온다.

해석 사고 후 그는 왼손을 사용하는 데 익숙해지고 있었다.

15 hoping

해설 'It is no use RVing'는 '~해도 소용없다'라는 뜻의 동명사 관용 표현이므로, 동명사 hoping이 적절하다.

해석 그 복잡한 문제에 대한 빠른 해결책을 기대하는 것은 소용없다.

16 be disturbed

해설 '방해하다'라는 뜻의 타동사 disturb는 뒤에 목적어가 필요하다. 여기서 뒤에 목적어가 없고, to 부정사의 의미상 주어인 네가 '방해하는' 것이 아니라 '방해받는' 것이므로 수동형 be disturbed가 적절하다.

해석 네가 방해받지 않을 것 같은 아주 조용한 장소로 가라.

17 threatening

해설 '위협하다'라는 뜻의 타동사 threaten은 뒤에 목적어가 필요하다. 뒤에 목적어 역할을 하는 명사 officials가 있으므로, 능동형 threatening이 적절하다.

해석 그 법은 민원인이 공무원을 위협하는 것을 금지한다.

18 Convinced

해설 분사구문의 의미상 주어가 주절의 주어와 같아 생략된 형태로, 주어 he가 '확신시키는' 것이 아니라 '확신 받는' 것이므로 수동의 과거분사 Convinced가 적절하다. 참고로, 4형식 동사 convince는 'A에게 that절을 확신시키다'라는 뜻의 'convince + A + that절' 구조를 취하는데, 이를 수동태로 전환 시 'A be convinced that절'의 구조가 된다.

해석 실수했다는 것을 확신한 그는 고객들에게 사과했다.

19   Don't forget [**to put** / **putting**] your chair up on your desk before you leave tonight.

20   As [**discussing** / **discussed**] in the meeting, the new policies will bring significant benefits.

21   I am very careful with my money, and I enjoy [**to find** / **finding**] a bargain when I go shopping.

22   If schools only provide knowledge, however, they may destroy creativity, [**producing** / **produced**] ordinary people.

23   Millions of people, [**watching** / **watched**] Jim's concert on television, were asked to phone in pledges of money to give to African relief.

24   The innovative product, _____ a smartwatch, combines the functions of a traditional watch with those of a smartphone.
   ① calling   ② called   ③ is calling   ④ is called

19 to put

해설 'forget to RV'는 '~하기로 한 것을 잊다'라는 뜻이고, 'forget RVing'는 '~한 것을 잊다'라는 뜻이다. 문맥상 오늘 밤 '의자를 올려놓기로 한 것을 잊지 말라는' 것이므로 to put이 적절하다.

해석 오늘 밤 퇴근하기 전에 의자를 책상 위에 올려놓는 것을 잊지 마세요.

20 discussed

해설 '논의하다'라는 뜻의 타동사 discuss는 뒤에 목적어가 필요하다. 여기서 뒤에 목적어가 없고, 분사의 의미상 주어인 새로운 정책들이 회의에서 '논의된' 것이므로, 수동의 과거분사 discussed가 적절하다. 참고로, 접속사의 의미를 강조해 주기 위해 접속사 As를 남겨둔 형태의 분사구문이 쓰인 문장이다.

해석 회의에서 논의된 바와 같이, 새로운 정책들은 상당한 이익을 가져다줄 것이다.

21 finding

해설 enjoy는 동명사를 목적어로 취하는 동사이므로 finding이 적절하다.

해석 나는 내 돈에 매우 신중하며 쇼핑할 때 특가 상품을 찾는 것을 즐긴다.

22 producing

해설 분사구문의 의미상 주어가 주절의 주어와 같아 생략된 형태로, 분사구문 뒤에 목적어 ordinary people이 있고 의미상 주어인 그것들(학교들)이 '양성하는' 것이므로 능동의 현재분사 producing이 적절하다.

해석 그러나 만약 학교가 지식만 제공한다면 창의력을 파괴하여 평범한 사람만 양성할 수도 있다.

23 watching

해설 분사구문의 의미상 주어가 주절의 주어와 같아 생략된 형태로, 분사구문 뒤에 목적어 Jim's concert가 있고 의미상 주어인 수백만 명의 사람들이 '시청하는' 것이므로 능동의 현재분사 watching이 적절하다.

해석 텔레비전에서 Jim의 콘서트를 시청하던 수백만 명의 사람들이 아프리카 구호 기부를 위해 전화로 기부 약정을 요청받았다.

24 ② called

해설 문장의 주어는 The innovative product, 본동사는 combines이므로 빈칸은 주어를 뒤에서 수식하는 수식어구 자리이다. 보기 중 분사인 calling과 called가 가능한데, call은 명사를 목적격 보어로 취하는 5형식 동사이며, 능동일 때 'call + O + 명사'의 구조를, 수동일 때 'be called 명사'의 구조를 취한다. 따라서 뒤에 명사 a smartwatch만 있고 의미상 주어인 제품이 스마트워치라고 '불리는' 것이므로, 빈칸에는 수동의 과거분사 called가 와야 한다.

해석 스마트워치라고 불리는 그 혁신적인 제품은 전통적인 시계의 기능과 스마트폰의 기능을 겸비하고 있다.

관계사·의문사·접속사

⭐ 기본 개념 잡기

▶ 관계대명사의 기능

선행하는 명사를 이어받아 종속절과 연결시키는 대명사로, '접속사 + 대명사' 역할을 한다. 선행사를 수식하는 형용사절을 이끌며, 관계대명사절 내에서 주어, 목적어, 보어 혹은 전치사의 목적어 역할을 한다.

- I like that boy. + He is wearing a smart jacket.
  - → I like that boy who(= and he) is wearing a smart jacket.
    나는 멋진 재킷을 입고 있는 저 소년을 좋아한다.

- This is my house. + It is located in Incheon.
  - → This is my house which(= and it) is located in Incheon.
    이것은 인천에 위치한 나의 집이다.

▶ 관계부사의 기능

선행하는 명사를 이어받아 종속절과 연결시키는 부사로, '접속사 + 부사' 역할을 한다. '전치사 + 관계대명사'로 바꾸어 쓸 수 있으며, 선행사를 수식하는 형용사절을 이끈다.

- This is the house. + She lives there.
  - → This is the house where(= and there) she lives.
  - → This is the house in which she lives.
  - → This is the house which she lives in.
    이것은 그녀가 살고 있는 집이다.

핵심 포인트 잡기

Point 1 ❶ **관계대명사**

관계대명사의 종류와 해석 → 관계대명사 = 접속사 + 대명사 → '그런데 그 명사'

선행사	주격	목적격	소유격
사람	who	whom	whose
동물·사물	which	which	whose / of which
사람·동물·사물	that	that	–
선행사를 포함	what	what	–
해석	그런데 그 명사는	그런데 그 명사를	그런데 그 명사의

- **She is the woman who[that] won the marathon last week.** [주격]
  그녀는 지난주 마라톤에서 우승한 여성이다.

- **I want a phone which[that] is durable.** [주격]
  나는 내구성 있는 휴대전화를 원한다.

- **He is a teacher whom[that] we admire.** [목적격]
  그는 우리가 존경하는 선생님이다.

- **The book which[that] I read yesterday was so boring.** [목적격]
  내가 어제 읽은 책은 너무 지루했다.

- **She is the student whose mother is a scientist.** [소유격]
  그녀는 어머니가 과학자인 학생이다.

- **She bought a book whose cover is green.** [소유격]
  = **She bought a book of which the cover is green.**
  = **She bought a book the cover of which is green.**
  그녀는 표지가 초록색인 책을 샀다.

선행사를 포함하는 관계대명사 what은 the thing(s) which로 바꾸어 쓸 수 있으며, 명사절을 이끈다.

- **What happened to you is truly unfair.**
  당신에게 일어난 일은 정말 불공평하다.

- **I know what she wants for her birthday.**
  나는 그녀가 생일에 갖고 싶은 것을 안다.

2 **완전 vs 불완전**

관계대명사 뒤에는 주어나 목적어, 보어, 혹은 전치사의 목적어가 없는 불완전한 문장이 나온다. 소유격 관계대명사의 경우, '소유격 관계대명사 + 명사' 다음에 불완전한 문장이 온다.

- I know the person who is very passionate. → 주격 관계대명사 + 불완전한 문장
  나는 매우 열정적인 사람을 알고 있다.

- She never listens to the advice which I give to her. → 목적격 관계대명사 + 불완전한 문장
  그녀는 내가 그녀에게 하는 충고에 절대 귀 기울이지 않는다.

- The teacher whom we respect most retired last month. → 목적격 관계대명사 + 불완전한 문장
  우리가 가장 존경하는 그 선생님은 지난달에 은퇴하셨다.

- They saw a house whose windows were all broken. → 소유격 관계대명사 + 명사 + 불완전한 문장
  그들은 창문들이 모두 깨진 집을 보았다.

3 **주의해야 할 관계대명사의 용법**

1 **선행사와 격에 맞는 관계대명사의 사용**

해석을 통해서 선행사에 맞는 관계대명사를 사용하고 있는지, 그 격이 맞게 쓰였는지를 판단해야 한다. 단, 선행사가 앞 문장 전체의 내용일 경우, 관계대명사 which를 사용한다.

- Mind Tool is an innovative product which improves students' writing skills.
  마인드 툴은 학생들의 작문 능력을 향상시키는 혁신적인 제품이다.

- The head of the department, who receives twice the salary, has to take responsibility.
  월급을 두 배 받는 그 부서장이 책임을 져야 한다.

- I do aerobics three times a week, which makes me stay in shape.
  나는 에어로빅을 일주일에 세 번 하는데, 그것이 내가 건강을 유지하게 한다.

2 **부정대명사 + of + 목적격 관계대명사**

'부정대명사(some, most, all, any, much, many, both, each, none) + of + 관계대명사' 형태에서의 관계대명사는 목적격인 whom 또는 which를 써야 한다. 또한, 목적격 관계대명사가 아닌 일반대명사 them을 사용한 틀린 문장 형태로 자주 출제된다.

- I know many foreign students, and some of them are able to speak English.
  → I know many foreign students, some of whom are able to speak English. ◎
  → I know many foreign students, some of who are able to speak English. ✗
  → I know many foreign students, some of them are able to speak English. ✗
  나는 많은 외국인 학생들을 알고 있는데, 그들 중 일부는 영어를 할 줄 안다.

- A tree provides homes for many creatures, all of which also use it for food. ⋯ all of them ✗
  나무는 많은 생물들에게 집을 제공하는데, 그 생물들 모두는 그것을 또한 먹이를 위해서도 사용한다.

- He met many people during his trip, some of whom became his friends. ⋯ some of them ✗
  그는 여행 중에 많은 사람을 만났는데, 그들 중 일부는 그의 친구가 되었다.

3 관계사절 내 삽입절 → 반드시 괄호 처리

주격 관계대명사 뒤에 삽입절이 있는 경우 목적격 관계대명사로 혼동하지 않도록 주의한다. 관계사절 동사의 수일치를 확인한다.

> 선행사 + 관계대명사 + (S + believe / think / say / know / feel) + V ~

- This is the boy who (I believe) deceived me.
  이 사람은 내가 믿기에 나를 속였던 소년이다.

- We can all avoid doing things that (we know) damage the body.
  우리 모두는 우리가 알기에 신체에 해를 끼치는 일을 하는 것을 피할 수 있다.

4 전치사 + 관계대명사

'전치사 + 관계대명사' 뒤에는 완전한 문장이 온다. 알맞은 전치사의 사용을 묻는 문제라면 해석을 한 다음 선행사를 관계사절 맨 끝에 넣어 보자.

- This is the house in which we spent our summer vacations.
  이것은 우리가 여름 방학을 보냈던 집이다.

- This is the new table with which I am satisfied.
  이것은 내가 만족한 새 탁자이다.

- The restaurant from which we ordered food delivers quickly.
  우리가 음식을 주문한 그 식당은 빠르게 배달한다.

- I know the student with whom I want to discuss the assignment.
  나는 과제에 대해 논의하고 싶은 그 학생을 안다.

5 관계대명사 that을 쓸 수 없는 경우

관계대명사 that은 콤마(,) 다음에 계속적 용법으로 쓸 수 없고, 전치사 다음에 쓸 수 없다.

- My mom made a delicious cake on my birthday, that made me happy. ⊗
  → My mom made a delicious cake on my birthday, which made me happy. ◉
  엄마는 내 생일에 맛있는 케이크를 만들어 주셨는데, 그것은 나를 행복하게 만들었다.

- We are going to the amusement park, that opens today. ⊗
  → We are going to the amusement park, which opens today. ◉
  우리는 오늘 개장하는 그 놀이공원에 갈 예정이다.

- It was the main entrance for that she was looking. ⊗
  → It was the main entrance for which she was looking. ◉
  그것은 그녀가 찾고 있던 중앙 출입구였다.

- That is the restaurant at that we had our first date. ⊗
  → That is the restaurant at which we had our first date. ◉
  저곳은 우리가 첫 데이트를 한 식당이다.

cf that이 접속사일 때 in that(~라는 점에서)과 except[only] that(~라는 점은 제외하고)은 가능하다.

- I agree with most of your points in that education is important.
  나는 교육이 중요하다는 점에서 당신 대부분의 지적에 동의한다.

- I love everything about the new restaurant except that the service is a bit slow.
  서비스가 조금 느리다는 점을 제외하고는 새 레스토랑의 모든 것이 마음에 든다.

6 관계대명사 that만 쓸 수 있는 경우

선행사에 '-thing, -body, 형용사의 최상급, 서수, the very, the only, all, the same, no'가 포함된 경우 혹은 선행사가 who, what 등의 의문대명사일 경우에는 관계대명사 that만 사용하는 것을 원칙으로 한다.

- I'm looking for something that will make me happy.
  나를 행복하게 해줄 무언가를 찾고 있다.

- He was the only man that I knew in my neighborhood.
  그는 내가 동네에서 알았던 유일한 남자였다.

- Can you tell who that is over there?
  저쪽에 있는 사람이 누구인지 알겠니?

7 선행사를 포함하는 관계대명사 what

관계대명사 what은 선행사를 포함하는 관계대명사로, the thing(s) which/that으로 바꾸어 쓸 수 있다. 관계대명사 what은 그 자체로 선행사를 포함하고 있기 때문에 명사절을 이끈다. 따라서 관계대명사 what이 이끄는 명사절 안에서는 what 뒤에 불완전한 문장이 오고, 동시에 관계대명사 what절은 하나의 명사처럼 쓰여 문장 안에서 주어, 동사 혹은 전치사의 목적어, 동사의 보어 등 문장 필수 성분으로 사용된다.

- What disappointed me was his rude attitude.
  나를 실망하게 했던 것은 그의 무례한 태도였다.

- They always reject what I suggest at the meeting.
  그들은 내가 회의에서 제안하는 것을 항상 거절한다.

- I will tell her what I remember about the accident.
  나는 그녀에게 그 사고에 대해 내가 기억하는 것을 말할 것이다.

- She concentrated on what looked like thunder.
  그녀는 천둥처럼 보이는 것에 집중했다.

- The shirt I bought yesterday was what my brother wanted for his birthday.
  내가 어제 산 셔츠는 내 동생이 생일에 원했던 것이다.

Point **관계부사**

2 **①** **관계부사의 종류와 해석**

선행사	종류	해석
장소명사(the place)	where	그런데 그 장소에서
시간명사(the time)	when	그런데 그 시간에
이유명사(the reason)	why	그런데 그 이유로
방법명사(the way)	how	그런데 그 방법으로

- They lived near the shore where there were many shells.
  그들은 조개껍데기가 많이 있는 해안가 근처에 살았다.

- Do you remember the day when we first met?
  넌 우리가 처음 만났던 그날을 기억하니?

- She explained the reason why she was late for the meeting.
  그녀는 회의에 늦은 이유를 설명했다.

- I asked him how he managed to finish the project so quickly.
  나는 그에게 어떻게 그 프로젝트를 그렇게 빨리 끝낼 수 있었는지 물어봤다.

cf the way와 how는 함께 쓸 수 없고, 반드시 둘 중 하나를 생략해야 한다. 'the way that'이나 'the way in which'는 가능하다.

- I don't like the way how you handle this problem. ❌
  → I don't like the way in which you handle this problem. ◉
  → I don't like the way that you handle this problem. ◉
    나는 네가 이 문제를 처리하는 방식을 좋아하지 않아.

2 완전 vs 불완전

관계부사 다음에는 완전한 문장이 온다.

- Trees must be fitted for the places where they live.
  나무들은 그들이 사는 곳에 꼭 맞아야 한다.

- We're looking forward to the time when we can get together again.
  우리는 다시 함께 모일 수 있는 시간을 학수고대하고 있다.

- I was curious about the reason why he made mistakes.
  나는 그가 실수한 이유가 궁금했다.

- I don't know how she solved the problem.
  나는 그녀가 문제를 해결한 방법을 모른다.

3 주의해야 할 관계부사의 용법

1 관계부사의 생략

관계부사는 생략이 가능하다.

- She knows the place (where) they keep the old family photo albums.
  그녀는 옛 가족 앨범을 보관하는 장소를 알고 있다.

- I remember the day (when) we first met.
  나는 우리가 처음 만난 날을 기억한다.

- This may be one of the reasons (why) so many people struggle early in their retirement.
  이것이 그렇게 많은 사람들이 그들의 은퇴 초기에 어려움을 겪는 이유들 중 하나일 수도 있다.

2 관계부사의 대용

관계부사 대신에 that을 쓸 수 있다. 이때 that은 관계대명사가 아닌 관계부사의 대용임에 유의한다.

- The park is a place that you could take your family for a picnic.
  그 공원은 가족을 데리고 소풍을 갈 수 있는 장소이다.

- It was the first time that I saw snow falling in April.
  4월에 눈이 내리는 것을 본 것은 그때가 처음이었다.

- Do you know the reason that she decided to quit her job?
  그녀가 일을 그만두기로 결정한 이유를 알고 있니?

- She tried to explain the way that the system worked.
  그녀는 그 시스템이 작동한 방법을 설명하려고 노력했다.

Point 3 의문사

의문사는 두 가지 부분에서 관계사와 차이가 있다. 의문사는 의문의 성격(누가, 무엇을, 언제, 어디 등)을 띠는 해석을 하며, 의문사절은 명사절을 구성한다. 직접의문문에서는 도치가 일어나지만, 간접의문문은 도치가 일어나지 않으며 '의문사 + S + V'의 어순이다.

1 의문사의 종류와 해석

의문대명사	who 누가	who(m) 누구를	which 어느 것이 / 어느 것을	what 무엇이 / 무엇을
의문형용사	whose 누구의	–	which 어떤	what 무슨
의문부사	when 언제	where 어디	why 왜	how 어떻게 / 얼마나

* 의문사 who는 주격·목적격으로 둘 다 사용된다.

- We don't know who will host the event. [의문대명사 who]
  우리는 누가 그 행사를 주최할지 모른다.

- He asked me which I liked better of the two. [의문대명사 which]
  그는 나에게 둘 중에 어느 것이 더 좋은지 물었다.

- No one really knows what he looks like. [의문대명사 what]
  아무도 그가 어떻게 생겼는지[무엇 같은지]를 모른다.

- It didn't matter whose idea was better. [의문형용사 whose]
  누구의 생각이 더 좋은지는 중요하지 않았다.

- He asked the girl what food she liked. [의문형용사 what]
  그는 그 소녀에게 무슨 음식을 좋아하는지 물었다.

- Let's wait and see how fast he learns his new skill. [의문부사 how]
  그가 새로운 기술을 얼마나 빨리 습득하는지 지켜보자.

- How you draw a picture of you and your parents can reveal much about yourself. [의문부사 how]
  당신이 당신과 부모님의 모습을 어떻게 그리는지가 당신에 대한 많은 것을 드러낼 수 있다.

② 완전 vs 불완전

의문대명사	+ 불완전한 문장
의문부사	+ 완전한 문장
의문형용사 + 명사	+ 불완전한 문장

- He asked me what I wanted for lunch, so I suggested sushi. [의문대명사]
  그는 내가 점심으로 무엇을 원하는지 물어봐서 나는 초밥을 제안했다.

- The police asked me to explain why I hadn't reported the accident sooner. [의문부사]
  경찰은 나한테 왜 더 일찍 사고를 신고하지 않았는지 설명해 달라고 요청했다.

- I asked him what subject he really likes. [의문형용사 + 명사]
  나는 그에게 어떤 과목을 정말 좋아하는지를 물었다.

③ 의문사의 격

해석과 의문사가 이끄는 절에서의 역할을 고려하여 격에 맞는 의문사를 사용해야 한다.

- He won't care who wins the presidential election. ···› whom ✕
  그는 대통령 선거에서 누가 이기든 상관하지 않을 것이다.

④ 간접의문문의 어순

의문사 + S + V

- I want to know what they bought.
  나는 그들이 무엇을 샀는지 알고 싶다.

- I have no idea where the nearest bank is around here.
  나는 이 주변에서 가장 가까운 은행이 어디에 있는지 모르겠다.

- They will discuss why the budget exceeded expectations.
  그들은 왜 예산이 예상을 초과했는지를 논의할 것이다.

5 의문사 + to 부정사

의문사절의 주어가 문장의 주어와 같거나 일반인일 경우 '의문사 + to RV'로 줄여서 나타낼 수 있다. 단, 'why to RV' 형태는 쓰지 않는다. 이 표현은 '의문사 + S + should RV'의 절로 바꾸어 쓸 수 있다.

- They learned how to use the printer.
  = They learned how they should use the printer.
  그들은 프린터를 사용하는 법을 배웠다.

- I really don't know what to do.
  = I really don't know what I should do.
  나는 무엇을 해야 할지 정말 모른다.

- He hasn't decided where to stay during his trip.
  = He hasn't decided where he should stay during his trip.
  그는 여행하는 동안 어디에서 머무를지 결정하지 않았다.

- She doesn't know when to schedule her dentist appointment.
  = She doesn't know when she should schedule her dentist appointment.
  그녀는 치과 예약을 언제 해야 할지 모른다.

- I'm not sure which book to read for my book report.
  = I'm not sure which book I should read for my book report.
  나는 독후감을 위해 어떤 책을 읽어야 할지 확실하지 않다.

복합관계사

4 **①** **복합관계사의 종류와 해석**

복합관계대명사	명사절	부사절
whoever/ whomever/ whosever	~하는 사람이면 누구나 (= anyone who/whom/whose)	~하는 사람이면 누구든지 간에 (= no matter who/whom/whose)
whichever	~하는 것이면 어느 것이든 (제한된 선택) (= anything that)	~하는 것이면 어느 것이든지 간에 (= no matter which)
whatever	~하는 것이면 무엇이든 (막연한 선택) (= anything that)	~하는 것이면 무엇이든지 간에 (= no matter what)

- **You may take whoever wants to go.** [명사절]
  가고 싶어 하는 사람은 누구든지 데려가도 좋다.

- **Whoever you are, I can't believe you.** [부사절]
  네가 누구든지 간에, 나는 너를 믿을 수 없다.

- **Whoever wins the lottery must pay 30% of his or her prize money in taxes.** [명사절]
  복권에 당첨된 사람이면 누구나 당첨금의 30%를 세금으로 내야 한다.

- **Whomever you choose as your partner, I'll support you.** [부사절]
  네가 파트너로 선택하는 사람이면 누구든지 간에, 나는 너를 지지할 것이다.

- **He will become whatever he wants to be.** [명사절]
  그는 그가 되고 싶은 것이면 무엇이든[되고 싶은 대로] 될 것이다.

복합관계부사	부사절
whenever	~할 때면 언제든지 (= no matter when)
wherever	~하는 곳이면 어디든 (= no matter where)
however	아무리 ~해도 (= no matter how)

- **Whenever I have a problem, I talk to my parents about it.**
  나는 문제가 있을 때면 언제든지, 부모님께 그것에 관해 이야기한다.

- **Wherever life takes us, our friendship will last forever.**
  삶이 우리를 데려가는 곳이 어디든, 우리의 우정은 영원히 지속될 것이다.

- **However busy life gets, family comes first.**
  삶이 아무리 바쁘더라도, 가족이 최우선이다.

② 완전 vs 불완전

복합관계대명사	+ 불완전한 문장
복합관계부사	+ 완전한 문장

* whosever는 'whosever + 명사' 다음에 불완전한 문장이 온다.

- **Whoever answers all the questions correctly will receive a prize.** [복합관계대명사]
  모든 질문에 정확하게 대답하는 사람이면 누구나 상을 받게 될 것이다.

- **Wherever you go, I will follow you.** [복합관계부사]
  당신이 어디로 가든지 간에, 나는 당신을 따라갈 것이다.

- **Whenever he leaves the house, he always takes an umbrella.** [복합관계부사]
  집을 나설 때마다, 그는 언제나 우산을 챙긴다.

3 주의해야 할 복합관계사의 용법

1 복합관계대명사의 격

복합관계대명사의 격은 주절에서의 격이 아니라, 복합관계대명사절 내의 격에 의해 결정된다. 복합관계대명사절 내에 삽입절(S + think, be sure, believe, say 등)이 있는 경우 주격 복합관계대명사를 목적격 복합관계대명사로 착각하지 않도록 유의한다.

- A gift card will be given to whoever completes the questionnaire.
  설문지를 완성하는 누구에게나 선물 카드가 주어질 예정이다.

- The supervisor was advised to give the assignment to whoever he believed had a strong sense of responsibility.
  감독관은 그가 믿기에 책임감이 강한 누구에게나 임무를 맡기라는 권고를 받았다.

2 however + 형/부

however절 내의 부사 또는 형용사 보어는 however 바로 뒤에 위치한다. 이때 'however + 형/부'를 하나의 덩어리로 취급하고, 어순과 의미(아무리 ~해도)에 유의한다.

> however(= no matter how) + 형/부 + S + V

- However <u>hard</u> you may try, you cannot carry it out.
  = No matter how <u>hard</u> you may try, you cannot carry it out.
  당신이 아무리 열심히 노력해도, 그것을 수행할 수 없다.

- However <u>delicious</u> the food was, she couldn't eat much.
  = No matter how <u>delicious</u> the food was, she couldn't eat much.
  음식이 아무리 맛있었어도, 그녀는 많이 먹지 못했다.

> **심슨쌤 꿀팁!**
>
> **however + 형/부 vs how + 형/부**
>
> | however + 형/부 | 아무리 형/부해도 [부사절] |
> |---|---|
> | how + 형/부 | 얼마나 형/부한지 [명사절] |
>
> - However <u>hungry</u> you are, you should eat slowly.
>   아무리 배가 고파도 천천히 먹어야 한다.
>
> - However <u>slowly</u> time passed, he couldn't forget the memories.
>   시간이 아무리 천천히 지나갔어도, 그는 그 추억을 잊지 못했다.
>
> - She taught me how <u>far</u> it is from here to the post office.
>   그녀는 나에게 여기서 우체국까지 얼마나 먼지를 가르쳐 주었다.
>
> - I'll show you how <u>quickly</u> I can finish cleaning the entire house.
>   내가 집 전체 청소를 얼마나 빨리 끝낼 수 있는지 보여 줄게.

Point

5 유사관계대명사

원래 접속사지만 관계대명사의 역할을 하는 것을 말한다.

1 but

선행사에 'no, not, few, little' 등의 부정어 또는 의문사 who 등이 나온다. but 속에 부정의 의미가 있으며, that ~ not으로 바꾸어 쓸 수 있다. 그러므로 유사관계대명사 but 뒤에 부정어가 있으면 이중부정이 되어 틀린다.

- There is no rule but has exceptions. ◉
  → There is no rule that doesn't have exceptions. ◉
  → There is no rule but doesn't have exceptions. ✖
    예외 없는 규칙은 없다.

- There is no one but knows the truth. ◉
  → There is no one that does not know the truth. ◉
  → There is no one but does not know the truth. ✖
    그 사실을 알지 못하는 사람은 아무도 없다.

2 as

선행사 앞에 'as, the same, such'가 주로 나오고, 앞 문장이나 뒤 문장 전체를 선행사로 받을 수 있다.

- I don't have as many friends as you have.
  나는 너만큼 많은 친구를 가지고 있지 않다.

- He lent me such books as were interesting.
  그는 그런 재미있는 책들을 나에게 빌려주었다.

- As is often the case with children, Jason is afraid of doctors.
  아이들이 종종 그렇듯이 Jason은 의사를 무서워한다.

3 than

선행사 앞에 비교급이 나온다.

- The student had more money than was needed.
  그 학생은 필요한 돈보다 더 많은 돈을 가지고 있었다.

- They moved to a bigger house than they used to live in.
  그들은 그들이 살았던 곳보다 더 큰 집으로 이사했다.

등위접속사와 상관접속사

6 **①** **등위접속사**

단어와 단어, 구와 구, 절과 절을 대등하게 연결해 주는 역할을 한다.

and	그리고	or	또는	but(=yet)	그러나	so	그래서

- I like cooking and shopping.
  나는 요리와 쇼핑을 좋아한다.

- Put your books on the desk or in the desk.
  너의 책을 책상 위나 책상 안에 두어라.

> 심슨쌤 꿀팁!
>
> **1** 명령문 + and '~해라, 그러면 ~할 것이다'
> - Do it, and you will succeed.
>   그것을 해라, 그러면 당신은 성공할 것이다.
>
> **2** 명령문 + or '~해라, 그렇지 않으면 ~할 것이다'
> - Turn the heat down or it will burn.
>   불을 줄여라, 그렇지 않으면 그것이 타버릴 것이다.

② **상관접속사**

짝을 이루어 대등하게 좌우를 연결해 주는 역할을 한다. 상관접속사의 짝과 수일치에 유의해야 하며, 상관접속사의 의미에도 유의해야 한다.

not only A but also B	A뿐만 아니라 B도	B as well as A	A뿐만 아니라 B도
either A or B	A 또는 B인	neither A nor B	A도 B도 아닌
both A and B	A와 B 모두	not A but B	A가 아니라 B인

- The company is not only expanding but also hiring new employees.
  그 회사는 확장될 뿐만 아니라 새로운 직원을 채용하고 있다.

- Either John or Ted needs to confirm how many chairs we'll need.
  John이나 Ted가 우리에게 얼마나 많은 의자가 필요할지를 확인해야 한다.

- The movie was neither good nor bad.
  그 영화는 좋지도 나쁘지도 않았다.

- The secret of life is not to do what one likes, but to try to like what one has to do.
  인생의 비밀은 좋아하는 것을 하는 것이 아니라, 해야 하는 것을 좋아하도록 노력하는 것이다.

3 등위접속사(and/or)와 상관접속사에서의 병렬 구조

등위접속사(and/or) 및 상관접속사에 연결되는 대상의 품사 및 준동사의 종류를 일치시켜야 한다.

- Instead, the fault <u>lies</u> elsewhere and mainly <u>takes</u> the form of human beings.
  대신에 잘못은 다른 곳에 놓여 있으며, 주로 인간들의 형태를 취한다.

- <u>To control</u> the process and <u>(to) make</u> improvement was my objectives.
  과정을 관리하고 발전하는 것이 나의 목표였다.

- <u>Running</u> in the park and <u>cycling</u> along the river are great exercises.
  공원에서 뛰는 것과 강가를 따라 자전거를 타는 것은 좋은 운동이다.

- The room is available for rent on a <u>daily</u> or <u>weekly</u> basis.
  그 방은 일일 또는 주간으로 임대 가능하다.

- Not only is she <u>a skilled painter</u>, but also <u>a talented sculptor</u>.
  그녀는 능숙한 화가일 뿐만 아니라 재능 있는 조각가이기도 하다.

- We can either <u>go</u> to the concert tonight or <u>watch</u> a movie at home.
  우리는 오늘 밤 콘서트에 가거나 집에서 영화를 볼 수 있다.

- He enjoys both <u>reading</u> novels and <u>watching</u> movies in his free time.
  그는 여가 시간에 소설을 읽는 것과 영화를 보는 것을 즐긴다.

종속접속사

종속접속사는 문장 내에서 명사절, 형용사절, 부사절을 이끈다.

① 명사절을 이끄는 접속사

what	that	if	whether	의문사	복합관계대명사

* what, 의문사, 복합관계대명사는 앞에서 자세히 다루었음.

■ 명사절 접속사 that

'~라는 사실', '~라는 것'으로 해석되며 완전한 문장의 단순 사실절을 이끈다. 주어, 보어, 타동사의 목적어로 쓰일 수 있지만 전치사의 목적어로는 쓰일 수 없고, 타동사의 목적어로 쓰일 경우 that은 생략이 가능하다.

- That he will succeed is certain. [주어]

  = It is certain that he will succeed.

  그가 성공하리라는 사실은 확실하다.

- The truth is that there is only one type of cholesterol. [보어]

  사실 콜레스테롤은 한 가지 유형밖에 없다.

- She believes (that) every human life is worth the same. [타동사의 목적어]

  그녀는 모든 사람의 생명은 똑같은 가치가 있다고 믿는다.

② 동격의 that

아래 명사 다음에 동격의 의미를 나타내는 that절이 나왔을 경우 이때의 that은 관계대명사가 아닌 동격의 접속사 that이다.

fact	사실	truth	진실	belief	믿음	idea	생각
opinion	의견	evidence	증거	suggestion	제안	news	소식

- The fact that he passed away makes me sad.

  그가 죽었다는 사실은 나를 슬프게 한다.

- The truth that honesty is the best policy is widely accepted.

  정직이 최선의 정책이라는 진실은 널리 받아들여진다.

- The belief that kindness can change the world inspires many people.

  친절이 세상을 바꿀 수 있다는 믿음은 많은 사람들에게 영감을 준다.

- The idea that teamwork leads to success is well-known in business.

  팀워크가 성공으로 이끈다는 생각은 비즈니스 분야에서 잘 알려져 있다.

- The opinion that exercise is crucial for good health is undeniable.
  건강을 위하여 운동이 중요하다는 의견은 부인할 수 없다.

- The evidence that smoking is harmful to health is scientifically proven.
  흡연이 건강에 해롭다는 증거는 과학적으로 입증되었다.

- The suggestion that we should start recycling is gaining attraction.
  우리가 재활용을 시작해야 한다는 제안이 관심을 끌고 있다.

- The news that a new company is hiring employees is exciting.
  새로운 회사가 직원을 채용한다는 소식은 흥미롭다.

심슨쌤 꿀팁!

what vs that

명사 + that + 완전한 문장	→ 동격의 that
명사 + that + 불완전한 문장	→ 관계대명사 that
동사 + that + 완전한 문장	→ 명사절 접속사 that
동사 + what + 불완전한 문장	→ 관계대명사·의문사 what
명사 + what + 불완전한 문장	→ ⊗
동사 + that + 불완전한 문장	→ ⊗

- I can't deny the fact that I made a mistake. [동격의 that]
  나는 내가 실수했다는 사실을 부인할 수 없다.

- We constantly manage risk in everything that we do. [관계대명사 that]
  우리는 우리가 하는 모든 일에서 위험을 지속해서 관리한다.

- Recent studies have shown that the adult smoking rate is gradually dropping.
  [명사절 접속사 that]
  최근 연구는 성인 흡연율이 점차 감소하고 있다는 것을 보여 준다.

- They reported what they had observed. [관계대명사 what]
  그들은 그들이 관찰한 것을 보고했다.

- I don't understand what he meant by his cryptic message. [의문사 what]
  나는 그의 암호화된 메시지가 의미하는 바가 무엇인지를 이해하지 못한다.

3 if vs whether

if와 whether이 명사절을 이끌 경우 '~인지 아닌지'로 해석된다. whether와 달리 if는 타동사의 목적어로만 쓰일 수 있으며, or not을 붙여 쓰지 않고, to 부정사와 결합할 수 없다.

	if	whether
타동사의 목적어	O	O
주어, 보어, 전치사의 목적어, or not, to 부정사	X	O

* 현대 영어에서는 if절의 끝에 or not을 쓰기도 한다. whether 다음의 or not은 whether 바로 뒤 혹은 whether절의 끝에 올 수 있고, 생략 가능하다.

- I don't know if she will come to the concert this weekend. [타동사의 목적어]
  이번 주말에 열리는 콘서트에 그녀가 올지 모르겠다.

- We can't say whether the new policy will be effective or not. [타동사의 목적어]
  우리는 새로운 정책이 효과적일지 여부를 말할 수 없다.

- She wonders whether to accept the job offer. [타동사의 목적어]
  그녀는 그 일자리 제안을 받아들일지 고민하고 있다.

- Whether you pass the exam or not is up to you. [주어]
  시험에 통과할지 말지는 너에게 달려 있다.

- The question is whether you can provide feedback on the report. [보어]
  문제는 네가 보고서에 대한 피드백을 제공할 수 있는지이다.

- He has to write an essay on whether or not the death penalty should be abolished.
  [전치사의 목적어]
  그는 사형이 폐지되어야 하는지 아닌지에 대한 에세이를 써야 한다.

② 부사절을 이끄는 접속사

1 시간 부사절

before/after	~전에/후에	when[as]	~할 때
while	~하는 동안	until	~할 때까지
as soon as	~하자마자	by the time (that)	~할 때쯤이면

- Don't eat snacks after you brush your teeth.
  양치질하고 난 다음에 과자를 먹지 마라.

- I always drink orange juice when I have a cake.
  나는 케이크를 먹을 때 항상 오렌지 주스를 마신다.

- Someone called while you were out.
  네가 나가 있는 동안, 누군가가 전화했다.

- I lived in Seoul until I moved to Busan.
  나는 부산으로 이사하기 전까지 서울에 살았다.

- As soon as I heard the news, I called my friend.
  소식을 듣자마자 나는 친구에게 전화했다.

- By the time the police arrived, the thief had already fled.
  경찰이 도착할 때쯤에는, 도둑은 이미 도망친 뒤였다.

2 이유 부사절

because/since/as	~이기 때문에	in that	~라는 점에서
now (that)	이제는 ~이니까		

- Because you are a hard worker, I will nominate you for the promotion.
  당신이 열심히 일하는 사람이기 때문에, 나는 당신을 승진에 후보로 지명할 것이다.

- Since nobody cared about him, they didn't even know his number.
  아무도 그를 신경 쓰지 않았기 때문에, 그들은 그의 번호조차 알지 못했다.

- As it is raining, we should stay indoors and watch a movie.
  비가 오고 있기 때문에 우리는 실내에 머물면서 영화를 보는 게 좋겠다.

- She was fortunate in that she had friends to help her.
  그녀는 자신을 도와줄 친구들이 있다는 점에서 운이 좋았다.

- Now that it's summer, I will go swimming every weekend.
  이제 여름이니까, 나는 주말마다 수영하러 갈 것이다.

3 양보 부사절

(al)though	비록 ~이지만	even if[though]	비록 ~이지만
while	비록 ~이지만; ~인 반면에		

- Although he was sick, he continued to carry out his duties.
  비록 그는 아팠지만, 그의 임무를 계속해서 수행했다.

- Even though it was raining, she went to the subway station on foot.
  비가 오고 있었지만, 그녀는 지하철역까지 걸어서 갔다.

- While some students chose the English class, others chose the science class.
  어떤 학생들은 영어 수업을 선택한 반면에 다른 학생들은 과학 수업을 선택했다.

4 조건 부사절

if	만일 ~라면	unless	만일 ~하지 않는다면
once	일단 ~하면	in case (that)	~인 경우에 (대비해서)
as[so] long as	~하는 한	providing/provided (that)	~한다면

- If you study hard, you will succeed in achieving your goals.
  열심히 공부한다면, 당신은 목표를 달성할 것입니다.

- Unless you call him, he will not come.
  네가 그에게 전화하지 않는다면 그는 오지 않을 것이다.

- Once she starts speaking, everyone pays close attention to her.
  일단 그녀가 말하기 시작하면, 모두가 그녀에게 주의를 기울인다.

- In case (that) you arrive late, we'll save some food for you.
  당신이 늦게 오는 경우에 대비해서 우리는 음식을 남겨 둘 것이다.

- As long as you follow the recipe, the cake will turn out delicious.
  네가 레시피를 따르는 한 케이크는 맛있게 나올 것이다.

- Providing (that) you finish your homework first, you can have dessert.
  네가 숙제를 먼저 끝내면 디저트를 먹을 수 있을 것이다.

5 결과 부사절

, so (that)	따라서	so ~ that	너무 ~해서 ~하다

- She is weak, so (that) she can hardly stand up.
  그녀는 몸이 약해서 거의 일어설 수 없다.

- The weather was so bad that we had to cancel the picnic.
  날씨가 너무 나빠서 우리는 소풍을 취소해야만 했다.

  cf She swims every day so that she can stay healthy. [so that: 목적]
  그녀는 건강을 유지하기 위해 매일 수영한다.

Point **주의해야 할 부사절 접속사의 용법**

8 **1** **so ~ that** '너무 ~해서 ~하다'

1 such ~ that과의 구분

so	+ 형 + a(n) + 명 + that ~ + 형/부 + that ~
such	+ a(n) + (형) + 명 + that ~

- Ms. Brown is so <u>good</u> <u>a</u> <u>teacher</u> that everybody respects her.
  = Ms. Brown is such <u>a</u> <u>good</u> <u>teacher</u> that everybody respects her.
  Brown 씨는 매우 훌륭한 선생님이어서 모든 사람이 그녀를 존경한다.

- It was so <u>beautiful</u> <u>a</u> <u>meteor</u> <u>storm</u> that we watched it all night.
  = It was such <u>a</u> <u>beautiful</u> <u>meteor</u> <u>storm</u> that we watched it all night.
  그것은 너무나 아름다운 유성 폭풍이어서 우리는 밤새 그것을 보았다.

- She was so <u>fascinating</u> <u>a</u> <u>girl</u> that he couldn't take his eyes off her.
  = She was such <u>a</u> <u>fascinating</u> <u>girl</u> that he couldn't take his eyes off her.
  그녀는 너무 매혹적인 소녀였기 때문에 그는 그녀에게서 눈을 뗄 수 없었다.

- I felt so <u>nervous</u> that I couldn't concentrate on my work.
  나는 너무 긴장해서 내 일에 집중할 수가 없었다.

- She laughed so <u>loudly</u> that everyone in the room noticed.
  그녀가 너무 크게 웃어서 방 안에 있는 모든 사람이 주목했다.

'so + 형 + a(n) + 명'에서 복수 명사는 쓰지 않지만, such는 복수 명사, 단수 명사, 불가산명사 다 가능하다.

- They're such kind people! ◎
  - → They're so kind people! ✕
    그들은 참 친절한 사람들이야!

- Erin and Dan are such loving parents. ◎
  - → Erin and Dan are so loving parents. ✕
    Erin과 Dan은 참 다정한 부모이다.

2 so 대신에 very/too 불가

so ~ that 구문의 so를 very/too로 바꿀 수 없다. 이와 비슷하게 too ~ to 구문의 too를 so로 바꿀 수 없으며, 문장의 주어와 to 부정사의 목적어가 같을 경우 to 부정사의 목적어 자리를 비워 두어야 한다.

너무 형/부해서 ~하다	so + 형용사/부사 + that ◎ → very/too + 형용사/부사 + that ✕
너무 형/부해서 ~할 수 없다	too + 형용사/부사 + to RV ◎ → so + 형용사/부사 + to RV ✕

- She is so sick that she can't eat anything. ◎
  - → She is too sick that she can't eat anything. ✕
    그녀는 너무 아파서 어떤 것도 먹을 수 없다.

- She eats so quickly that she often finishes her meal first. ◎
  - → She eats too quickly that she often finishes her meal first. ✕
    그녀는 너무 빨리 먹어서 종종 먼저 식사를 마무리한다.

- This is too complicated to put together. ◎
  - → This is so complicated to put together. ✕
    이건 너무 복잡해서 조립을 못 하겠다.

- The rings of Saturn are too distant to be seen from Earth without a telescope. ◎
  - → The rings of Saturn are so distant to be seen from Earth without a telescope. ✕
    토성의 고리는 너무 멀어서 망원경 없이는 지구에서 볼 수 없다.

2 '형/부/명 + as/though + S + V'의 양보 도치구문

명사가 문두에 오는 경우에는 반드시 무관사명사로 써야 한다. 또한 as나 though 대신에 although는 쓸 수 없다.

- Although his speech was boring, he got a standing ovation.
  - → (As) Boring as his speech was, he got a standing ovation.
  - → Boring though his speech was, he got a standing ovation.
    비록 그의 연설은 지루했지만, 그는 기립 박수를 받았다.

- Although he was a child, he was not afraid of the dark.
  - → Child as he was, he was not afraid of the dark. ◎
  - → A child as he was, he was not afraid of the dark. ✖
    그는 비록 어린아이였지만, 어둠을 두려워하지 않았다.

3 unless vs lest

unless와 lest는 부정의 의미를 내포하고 있으므로 부정어 not과 함께 쓰일 수 없다. (이중부정 금지) lest가 이끄는 절에는 '(should) RV'가 온다.

unless	~하지 않는다면
lest[for fear] S (should) RV	~하지 않기 위해

- Unless it stops raining, we can't play soccer.
  비가 멈추지 않는다면 우리는 축구를 할 수 없다.

- I won't go to the party unless I finish my assignment.
  나는 내 과제를 끝내지 않는다면 파티에 가지 않을 것이다.

- He studied hard lest he (should) fail the exam.
  그는 시험에 떨어지지 않기 위해 열심히 공부했다.

- Keep quiet during the performance lest you (should) disturb the audience.
  관객을 방해하지 않기 위해 공연 중에는 조용히 해라.

9 ① 접속사 vs 전치사

전치사 뒤에는 (동)명사가 오고, 접속사 뒤에는 '절(S + V) / 분사 / 형용사 / 전치사 + 명사'가 나온다.

뜻	전치사	접속사
~하는 동안에	during	while
~때문에	because of	because
~에도 불구하고	despite, in spite of	even though, (al)though, even if

* despite of는 틀린 표현

- **New York's Christmas is featured in many movies** during **this time of the year.**
  매년 이맘때쯤 뉴욕의 크리스마스는 많은 영화에서 다뤄진다.

- While **cooking dinner, she chatted with her roommate in the kitchen.**
  저녁을 요리하는 동안 그녀는 주방에서 룸메이트와 이야기했다.

- **The flight was delayed** because of **technical issues with the aircraft.**
  그 항공편은 항공기의 기술적인 문제로 지연되었다.

- **We'll have to shop tomorrow** because **the store is closed.**
  가게가 닫혀 있어서 우리는 내일 쇼핑을 해야 할 것이다.

- Despite **her poor health, she tries to live a happy life every day.**
  그녀는 건강이 좋지 않음에도 불구하고, 매일 행복한 삶을 살기 위해 노력한다.

- Although **he was sleepy, he kept watching TV.**
  그는 졸렸음에도 불구하고 계속 TV를 보았다.

② 접속사 vs 접속부사

접속부사는 말 그대로 '부사'이기 때문에, 접속사와는 달리 절을 연결하는 기능이 없고, 문장 내에서의 위치가 비교적 자유롭다.

	접속부사
부연	besides, furthermore, moreover, additionally, also, then, likewise, namely
대조	however, yet, still, nevertheless, nonetheless
결과	therefore, hence, thus, accordingly, consequently, afterwards

- I don't want to go there. Besides, I'm busy.
  나는 그곳에 가고 싶지 않다. 게다가, 나는 바쁘다.

- Lee expressed one concern, however.
  그러나 Lee는 한 가지 우려를 표했다.

- I think, therefore I exist.
  나는 생각한다, 고로 나는 존재한다.

Point **접속사의 의미**

10

① **접속사 + 1 = 동사의 개수**

접속사/관계사/의문사가 나오면 절이 하나 더 추가된다. 접속사/관계사/의문사절을 하나의 덩어리로
묶고 전명구를 괄호 치면 문장 구조를 더 쉽게 파악할 수 있다.

- There <u>are</u> women's magazines <u>covering</u> fashion, cosmetics, and recipes as well as youth
  magazines about celebrities.
  연예인들에 대한 청소년 잡지뿐만 아니라 패션, 화장, 그리고 요리법을 다루는 여성 잡지들이 있다.

- In one study, two-month-olds who <u>were later identified</u> as shy children <u>reacted</u> with signs
  of stress to stimuli.
  한 연구에서, 나중에 수줍음이 많은 아이로 밝혀진 두 달 된 아이들은 자극에 대한 스트레스 증상을 보이며 반응했다.

② **'접속사 + 1 = 동사의 개수'의 예외**

1 **접속사 다음에 분사구문이 나온 경우**

접속사 + [RVing / p.p. / 형용사(구) / 전명구]

- While understanding her problem, I offered my sincere empathy and assistance.
  그녀의 문제를 이해하면서, 나는 진심으로 공감과 도움을 제공했다.

- People tend to eat less when presented with a lot of options.
  사람들은 많은 선택 사항을 제공받을 때, 덜 먹는 경향이 있다.

- When young, children are curious, eager to explore, and full of imagination.
  어릴 때, 아이들은 호기심이 많고, 탐험에 열정적이며, 상상력이 풍부하다.

- While walking on the street, he found a lost puppy.
  길을 걷고 있을 때, 그는 길 잃은 강아지를 발견했다.

2 접속사 that 또는 목적격 관계대명사 that이 생략된 경우

접속사 that 생략	~ 동사 (that) S + V ~
목적격 관계대명사 that 생략	~ 명사 (that) S + V ~

- I think (that) we should discuss this at the next staff meeting. [접속사]
  나는 다음 직원회의 때 이것을 논의해야 한다고 생각해요.

- He advised (that) Sally should communicate openly with her peers. [접속사]
  그는 Sally가 동료들과 솔직하게 의사소통해야 한다고 조언했다.

- The lesson (that) my teacher taught me was invaluable for my growth. [관계대명사]
  선생님이 가르쳐 준 수업은 내 성장에 귀중한 것이었다.

- One of the most important lessons (that) we learned was to stop thinking and start doing. [관계대명사]
  우리가 배웠던 가장 중요한 교훈 중 하나는 생각하기를 그만두고 행동하기 시작하는 것이었다.

정리 **관계사·의문사·접속사 구별 문제 해결법**

① **해석으로 구분하기**

종류	해석			
관계대명사	그런데 그 명사는 / 그런데 그 명사를 / 그런데 그 명사의			
관계부사	그런데 그 명사에서			
의문사	who / whom	누가 / 누구를	whose	누구의
	when	언제	where	어디서
	which	어느 것, 어느·어떤	what	무엇, 무슨·어떤
	why	왜	how	어떻게, 얼마나
복합관계사	whoever	~하는 사람이면 누구든, ~하는 사람이면 누구든지 간에	whichever	~하는 것이면 어느 것이든, ~하는 것이면 어느 것이든 간에
	whatever	~하는 것이면 무엇이든, ~하는 것이면 무엇이든 간에	whenever	~할 때면 언제든지
	wherever	~하는 곳이면 어디든	however	아무리 ~해도

2 완전한 문장 vs 불완전한 문장

관계대명사 / 의문대명사 / 복합관계대명사	+ 불완전한 문장
관계부사 / 의문부사 / 복합관계부사 / 나머지 접속사	+ 완전한 문장
소유격 (복합)관계대명사 + 명사 / 의문형용사 + 명사	+ 불완전한 문장

- I'll never forget the movie which taught me valuable life lessons. [관계대명사]
  나는 나에게 소중한 삶의 교훈을 가르쳐 준 그 영화를 잊지 않을 것이다.

- Contrary to what many believe, UA is found in every city, where it is sometimes hidden, sometimes obvious. [관계대명사]
  많은 사람들이 믿는 것과는 반대로, UA는 모든 도시에서 발견되는데, 이곳에서 때로는 눈에 띄지 않고 때로는 확연하다.

- I wonder who wrote this beautiful poem about nature. [의문대명사]
  나는 자연에 관한 이 아름다운 시를 누가 썼는지 궁금하다.

- Whatever you do is fine with me. [복합관계대명사]
  네가 하는 어떤 것도 나에게는 괜찮아.

- Tom moved to Chicago, where he worked for Louis Sullivan. [관계부사]
  Tom은 시카고로 이사했는데, 그곳에서 Louis Sullivan을 위해 일을 했다.

- She explained to him how the workers were treated. [의문부사]
  그녀는 그에게 직원들이 어떻게 대우받는지를 설명했다.

- Whenever she comes, it's as if the day becomes brighter. [복합관계부사]
  그녀가 오면 언제나, 마치 날이 더 밝아지는 것 같다.

- Although it was late, they stayed up all night to finish watching the movie. [접속사]
  비록 늦은 시간이긴 했지만, 그들은 영화를 끝까지 보기 위해 밤을 새웠다.

- I know the girl whose kindness touches everyone's hearts deeply. [소유격 관계대명사 + 명사]
  나는 친절함이 모두의 마음을 깊이 감동하게 하는 그 소녀를 안다.

- What kind of music do you like the most? [의문형용사 + 명사]
  너는 어떤 종류의 음악을 가장 좋아하니?

Exercise

[01 - 40] 다음 중 어법상 적절한 것을 고르시오.

01 This television is both big and [**expense / expensive**].

02 [**Who / Whoever**] saw her was fascinated by her beauty.

03 They said to her [**how / what**] delicious her cooking was.

04 The town [**which / where**] I grew up has a beautiful lake.

05 Be sure to take this book to [**whoever / whomever**] asks for it.

06 Look at the girl and the cat [**that / what**] are coming this way.

07 He fell asleep [**while / for**] he was doing his English homework.

01 expensive

해설 상관접속사 구문 both A and B에서 A와 B의 성격이 동일해야 하므로, 앞에 나온 형용사 big에 맞춰 expensive가 적절하다.

해석 이 텔레비전은 크고 비싸다.

02 Whoever

해설 앞에는 선행사가 없으므로 Who는 의문대명사이고, Whoever는 복합관계대명사이다. 의문대명사와 복합관계대명사 뒤에는 모두 불완전한 문장이 오는데, 의문대명사 Who를 넣어 해석하면 '누가 그녀를 보았는지는 그녀의 아름다움에 매혹되었다'로 어색하다. 따라서 복합관계대명사 Whoever를 넣어 해석하면 '그녀를 본 사람이면 누구든 그녀의 아름다움에 매혹되었다'로 자연스러우므로 Whoever가 적절하다.

해석 그녀를 본 누구라도 그녀의 아름다움에 매혹되었다.

03 how

해설 '무엇' 혹은 '어떤'으로 해석되는 의문대명사/의문형용사 what은 형용사를 수식할 수 없으며, 해석상으로도 '그녀의 요리가 얼마나 맛있었는지'가 자연스러우므로 형용사 delicious를 수식하는 의문부사 how가 적절하다.

해석 그들은 그녀에게 그녀의 요리가 얼마나 맛있었는지를 말했다.

04 where

해설 뒤에 완전한 문장 I grew up이 쓰였으며, 선행사 The town이 의미상 장소를 나타내고 해석상 '그 마을에서'이므로 관계부사 where가 적절하다.

해석 내가 자랐던 마을에는 아름다운 호수가 있다.

05 whoever

해설 복합관계대명사절의 주어가 없는 불완전한 문장이므로 주격 복합관계대명사 whoever가 적절하다. 참고로 전치사 to의 목적어 역할을 하는 명사절로서 복합관계대명사절이 쓰인 구조이다.

해석 이 책을 요구하는 사람이면 누구에게든지 가져다주도록 해라.

06 that

해설 앞에 선행사인 명사 the girl and the cat이 존재하므로, 선행사를 포함하는 관계대명사인 what은 적절하지 않다. 따라서 주격 관계대명사 that이 적절하다.

해석 이쪽으로 오고 있는 소녀와 고양이를 봐라.

07 while

해설 '~하는 동안'을 뜻하는 while은 시간 부사절 접속사로, 뒤에 S+V 구조의 절이나 분사구문이 온다. 반면, '~동안'을 의미하는 for는 전치사로, 뒤에 불특정한 기간을 나타내는 명사(구)가 온다. 따라서 뒤에는 절의 구조로 쓰여 있으므로 접속사 while이 적절하다. 참고로 for가 접속사로 쓰이는 경우, 대개 앞에 콤마(,)가 쓰이며 '왜냐하면 ~때문이다'로 해석된다.

해석 그는 영어 숙제를 하는 도중에 잠이 들었다.

08   My hobbies are collecting stamps and **[to listen / listening]** to music.

09   A scientist says **[that / what]** Cleopatra was really quite intelligent.

10   This is the house **[which / where]** I used to live when I was young.

11   Everyone was surprised at **[which / what]** he brought for the picnic.

12   We arrived at the town **[which / where]** the tour guide recommended.

13   He bought a picture, **[that / which]** caught his eye at the art exhibition.

14   They are arguing about **[if / whether]** she will hold a press conference.

08 listening

해설 등위접속사 and에 연결되는 대상의 품사를 일치시켜야 하는데, 앞에는 동명사 collecting이 쓰여 있으므로 listening이 적절하다.

해석 내 취미는 우표를 모으는 것과 음악을 듣는 것이다.

09 that

해설 뒤에 주어 Cleopatra, 동사 was, 부사구 really quite, 보어 intelligent로 완전한 문장 구조를 취하고 있으며 앞에는 타동사 says가 쓰여 있으므로, 타동사 says의 목적어 역할로서 명사절 that절을 이끄는 접속사 that이 적절하다.

해석 한 과학자가 말하길 Cleopatra는 정말로 아주 지적이었다고 한다.

10 where

해설 뒤에 완전한 문장이 쓰였으며, 선행사 the house가 의미상 장소를 나타내고, 해석상 '그 집에서'로 해석되므로 관계부사 where가 적절하다.

해석 이곳이 내가 어렸을 때 살았던 집이다.

11 what

해설 전치사 at 앞에는 선행사가 없으며 뒤에는 목적어가 없는 불완전한 구조이므로 '전치사 + 관계대명사'인 at which로는 쓸 수 없다. 또한 의문대명사 which는 '어느 것'이라는 뜻인데, 의문대명사 which를 넣어 해석하면 '모두 그가 소풍에 어느 것을 가져왔는지에 놀랐다.'로 문맥상 어색하다. 따라서, '~한 것'이라는 뜻의 선행사를 포함하는 관계대명사 what으로 써서 '모두 그가 소풍에 가져온 것에 놀랐다.'로 해석하는 것이 적절하다.

해석 모두 그가 소풍에 가져온 것에 놀랐다.

12 which

해설 장소를 나타내는 명사 the town이 선행사로 쓰였으나, 뒤에는 주어 the tour guide, 동사 recommended, 그리고 목적어가 없는 불완전한 구조가 쓰였으므로 목적격 관계대명사 which가 적절하다.

해석 우리는 여행 가이드가 추천한 마을에 도착했다.

13 which

해설 관계대명사 that은 콤마(,) 다음에 계속적 용법으로 쓸 수 없으므로, 계속적 용법으로 쓸 수 있는 관계대명사 which가 적절하다.

해석 그는 미술 전시회에서 그의 눈길을 끈 그림을 샀다.

14 whether

해설 접속사 if가 이끄는 명사절은 타동사의 목적어 자리에만 쓸 수 있으므로 whether가 적절하다.

해석 그들은 그녀가 기자 회견을 열 것인지에 대해 논쟁하고 있다.

15   I showed my father a picture of the car [**which / what**] I'm going to buy.

16   The project was [**so / too**] complicated to complete by the given deadline.

17   When we had a potluck party, he described [**how / what**] the sunset looked like.

18   She traveled with a group of tourists [**who / which**] explored the local culture.

19   Keep pushing forward towards your goals, [**how / however**] weary you may be.

20   Tom made [**so / such**] firm a decision that it was no good trying to persuade him.

21   I asked a clerk where [**the store had / did the store have**] books about computers.

15 which

해설 앞에 선행사 the car가 있으며, 뒤에는 목적어가 없는 불완전한 구조가 왔으므로 목적격 관계대명사 which가 적절하다. 참고로, 관계대명사 what은 선행사를 포함하고 있으므로 명사를 꾸며줄 수 없다.

해석 나는 아버지에게 내가 살 차의 사진을 보여 드렸다.

16 too

해설 'too ~ to RV(너무 ~해서 ~할 수 없다)' 구문에서 too 대신 so를 쓸 수 없으므로 too가 적절하다.

해석 그 프로젝트는 주어진 기한까지 완료하기에 너무 복잡했다.

17 what

해설 의문부사 how는 뒤에 완전한 구조가 와야 하는데, 전치사 like 뒤에 목적어가 없는 불완전한 구조이므로 의문대명사 what이 적절하다.

해석 우리가 포틀럭 파티를 했을 때, 그는 일몰이 어떻게 보였는지 묘사했다.

18 who

해설 선행사가 사람을 나타내는 tourists이며, 또한 뒤에는 주어가 없는 불완전한 구조가 왔으므로 주격 관계대명사 who가 적절하다.

해석 그녀는 현지 문화를 탐사하는 단체 관광객과 함께 여행했다.

19 however

해설 뒤에 형용사나 부사가 왔을 때, how는 명사절을 이끌어 '얼마나 ~한지'라는 뜻으로 해석되고, however는 부사절을 이끌어 '아무리 ~할지라도'라는 뜻으로 해석된다. 여기서는 앞에 주절이 나왔으므로 명사절이 올 수 없고, 의미상으로도 '아무리 피곤할지라도'가 적절하다. 따라서 복합관계부사 however가 적절하다. 참고로 2형식 자동사 be의 보어로 형용사 weary가 쓰인 구조이다.

해석 아무리 피곤할지라도, 목표를 향해 계속 전진하세요.

20 so

해설 '너무 ~해서 ~하다'라는 뜻의 구문은 'so + 형 + a(n) + 명 + that'의 형태나 'such + a(n) + (형) + 명 + that'의 형태로 나타낼 수 있다. 따라서 뒤에 firm a decision that의 '형 + a(n) + 명 + that'의 형태가 쓰였으므로, so가 적절하다.

해석 Tom은 매우 확고한 결정을 내렸기 때문에 그를 설득하려 애써도 소용이 없었다.

21 the store had

해설 의문부사 where가 타동사 asked의 직접목적어 역할을 하는 명사절(간접의문문)을 이끌고 있다. 따라서 간접의문문의 어순인 '의문사 + S + V'의 순서로 나와야 하므로, the store had가 적절하다.

해석 나는 점원에게 컴퓨터에 대한 책이 어디 있는지 물어보았다.

22 A cafe is a small restaurant [**in which / for which**] people can get a light meal.

23 We study philosophy [**because / because of**] the mental skills it helps us develop.

24 The man [**who / whom**] I thought was his father proved to be a perfect stranger.

25 She collected various antiques, and all of [**them / which**] had historical meaning.

26 The investigation had to be handled with the utmost care lest suspicion [**be / is**] aroused.

27 Number one was: "I was born," and you could put [**however / whatever**] you liked after that.

28 Medical students can watch doctors operating on a patient and [**learn / learning**] from what they see.

22 in which

해설 '전치사 + 관계대명사' 뒤에 완전한 문장이 온 구조인데, 선행사 restaurant를 넣어서 해석하면 문맥상 '식당을 위해서'가 아닌 '식당 안에서'가 자연스러우므로 in which가 적절하다.

해석 카페는 사람들이 가벼운 식사를 할 수 있는 작은 식당이다.

23 because of

해설 because는 뒤에 절이 나오는 부사절 접속사인데, 여기서는 뒤에 명사구 the mental skills it helps us develop이 온 구조이므로 전치사 because of가 적절하다. 참고로, 선행사 the mental skills를 받는 목적격 관계대명사 that이 skills와 it 사이에 생략되었으며, develop 뒤에 목적어가 없는 불완전한 구조이다.

해석 철학이 우리로 하여금 개발하도록 돕는 정신적 기술 때문에 우리는 철학을 공부한다.

24 who

해설 뒤의 I thought는 삽입절이므로, 관계사절 동사 was 앞의 주어가 비어 있는 구조이다. 따라서 주격 관계대명사 who가 적절하다.

해석 내가 그의 아버지라고 생각했던 남자는 완전히 이상한 남자로 밝혀졌다.

25 them

해설 두 문장을 연결하는 등위접속사 and가 앞에 있으므로 복수 명사 antiques를 가리키는 인칭대명사 them이 적절하다. 참고로, 등위접속사 and와 대명사 them의 역할을 하는 관계대명사 which를 사용하여 한 문장으로 연결할 경우, 등위접속사 and 없이 which를 써서 'She collected various antiques, all of which had historical meaning.'으로 써야 한다.

해석 그녀는 다양한 골동품을 수집했는데, 그것들은 모두 역사적 의미를 가진 것들이었다.

26 be

해설 '~하지 않기 위해'라는 의미의 lest가 이끄는 절에는 동사의 형태가 (should) RV이므로, (should) be가 적절하다.

해석 의심의 여지가 생기지 않도록 그 조사는 극도의 주의를 기울여서 처리되어야 했다.

27 whatever

해설 동사 put의 목적어 자리에 오며, 뒤에 목적어가 없는 불완전한 문장을 이끌 수 있는 복합관계대명사 whatever가 적절하다. '아무리 ~해도'라는 뜻의 복합관계부사 however는 바로 뒤에 형용사나 부사가 위치하여 'however + 형/부 + S + V' 구조를 취한다.

해석 1번은 "나는 태어났다"였고, 그다음에는 좋아하는 것은 무엇이든 적을 수 있었다.

28 learn

해설 등위접속사 and로 연결되는 대상의 품사는 일치되어야 하는데, 여기서 learn은 두 가지 병렬 구조가 가능하다. 먼저 조동사 can 뒤 동사원형 watch와 병렬 구조를 이루는 learn일 경우, learn의 의미상 주어는 '의대생들'이고, 해석이 '의대생들은 의사가 환자를 수술하는 것을 지켜볼 수 있고 자신들[의대생들]이 본 것을 통해 배울 수 있다'라고 되므로 자연스럽다. 하지만 5형식 지각동사 watch의 목적격 보어로 쓰인 현재분사 operating과 병렬 구조를 이루어 learning일 경우, learning의 의미상 주어는 목적어 자리에 온 '의사들'이고, 해석이 '의대생들은 의사들이 환자를 수술하는 것과 (의사들이) 자신들이 본 것으로부터 배우는 것을 지켜볼 수 있다'라고 되므로 어색하다. 따라서 문맥상 조동사 can 뒤 동사원형과 병렬 구조를 이루는 learn이 적절하다.

해석 의대생들은 의사가 환자를 수술하는 것을 지켜볼 수 있고 이를[자신들이 본 것을] 통해 배울 수 있다.

29 I had to decide between going up to senior high school and **[to be / being]** a professional baseball player.

30 They discovered that people were more likely to select **[that / what]** the website said were favorite choices.

31 **[Everyone believes / When everyone believes]** in the importance of giving all children equal opportunities, we can improve our lives.

32 The ultimate life force lies in tiny cellular factories of energy called mitochondria **[that / what]** burn nearly all the oxygen we breathe in.

33 A botanist is a person _____ studies plants.
 ① who ② whom ③ whoever ④ whomever

34 Mr. Jones has a friend _____ mother is an actress.
 ① who ② whom ③ whose ④ whoever

29 being

해설 등위접속사 and에 연결되는 대상의 품사는 일치되어야 한다. 따라서 전치사 between 뒤에 온 동명사 going과 병렬 구조를 이루는 being이 적절하다.

해석 나는 고등학교에 진학 할지 프로야구 선수가 될지 중에서 결정해야 했다.

---

30 what

해설 동사 select 뒤에 삽입절 'the website said'를 제외하면 주어가 없는 불완전한 문장이 온 구조이다. 따라서 select의 목적어 역할과 동사 were의 주어 역할을 동시에 할 수 있는, 선행사를 포함한 관계대명사 what이 적절하다. 참고로, that은 명사절 접속사 혹은 관계대명사로 쓰일 수 있는데, 명사절 접속사일 때는 완전한 문장을 이끌고, 관계대명사일 때는 앞에 선행사가 있어야 한다.

해석 그들은 사람들이 그 웹사이트가 인기 있는 선택지라고 말한 것을 고를 가능성이 더 높다는 사실을 발견했다.

---

31 When everyone believes

해설 한 문장 안에 동사가 2개(believes, improve)이므로, 두 문장을 연결하는 접속사가 필요하다. 따라서 부사절 접속사 when이 절을 이끄는 When everyone believes가 적절하다.

해석 모든 어린이에게 동등한 기회를 주는 것이 중요하다는 것을 모두가 믿을 때, 우리는 우리의 삶을 개선할 수 있다.

---

32 that

해설 앞의 명사 tiny cellular factories of energy를 수식하는 분사구 'called mitochondria'를 제외하면 명사 뒤에 주어가 없는 불완전한 문장이 온 구조이다. 따라서 선행사를 포함하며 불완전한 문장을 이끄는 관계대명사 what이 아니라, 선행사(명사)를 수식하며 불완전한 문장을 이끄는 관계대명사 that이 적절하다.

해석 궁극적인 생명력은 우리가 들이쉬는 거의 모든 산소를 태우는 미토콘드리아라고 불리는 아주 작은 에너지 세포 공장에 있다.

---

33 ① who

해설 빈칸은 앞의 사람 명사 a person을 선행사로 받아 주어가 없는 불완전한 문장을 이끄는 주격 관계대명사 자리이므로, 빈칸에는 who가 와야 한다. 참고로, 목적격 관계대명사 whom은 뒤에 목적어가 없는 불완전한 문장이 오며, 복합관계대명사 whoever나 whomever 앞에는 선행사가 오지 않는다.

해석 식물학자는 식물을 연구하는 사람이다.

---

34 ③ whose

해설 빈칸은 앞의 사람 명사 a friend를 선행사로 받으면서 뒤의 명사 mother를 수식하여 완전한 문장을 이끄는 소유격 관계대명사 자리이므로, 빈칸에는 whose가 와야 한다. 참고로, 주격 관계대명사 who는 뒤에 주어가 없는 불완전한 문장이, 목적격 관계대명사 whom은 뒤에 목적어가 없는 불완전한 문장이, 명사절과 부사절을 이끄는 복합관계대명사 whoever는 뒤에 불완전한 문장이 온다.

해석 Jones 씨는 어머니가 배우인 친구가 있다.

35 _____ she is the best English teacher is known to everybody.

① It   ② That   ③ What   ④ Who

36 These stars are millions of miles away. Scientists want to know _____.

① how they are like   ② how are they like

③ what they are like   ④ what are they like

37 I went to several concerts, most of _____ were performed by rock bands.

① it   ② them   ③ which   ④ whom

38 The news _____ the four-day workweek legislation was passed made workers cheer despite some side effects.

① which   ② that   ③ in which   ④ what

39 The city council invested in public gardens, _____ contributed to the enhancement of the city's green spaces.

① which   ② that   ③ where   ④ for which

40 Since our regular classroom is being used now, we will have to go to the small room _____ the textbooks are stored.

① which   ② whichever   ③ about which   ④ in which

35 ② That

해설 빈칸은 문장의 동사 is known의 주어 역할을 하며 뒤에 완전한 문장(she ~ teacher)을 이끌 수 있는 명사절 접속사 자리이므로, 빈칸에는 That이 와야 한다. 참고로, It은 대명사이고, 관계대명사 What이나 의문사 Who 뒤에는 불완전한 문장이 온다.

해석 그녀가 최고의 영어 선생님이라는 것은 모두에게 알려져 있다.

36 ③ what they are like

해설 빈칸은 동사 know의 목적어 자리이며, 주어진 보기로 보아 의문사가 이끄는 간접의문문이 온 구조이다. 간접의문문은 '의문사 + S + V'의 평서문 어순을 취하며, 의문대명사 what은 전치사 like의 목적어가 없는 불완전한 문장을 이끌 수 있으므로 빈칸에는 what they are like가 와야 한다.

해석 이 별들은 수백만 마일만큼 떨어져 있다. 과학자들은 그것들이 어떤 모습인지 알고 싶어 한다.

37 ③ which

해설 빈칸은 앞의 사물 명사 concerts를 선행사로 받으면서 '부정대명사(most) + of' 뒤에 올 수 있고 두 개의 문장을 이어 줄 수 있는 목적격 관계대명사 자리이므로, 빈칸에는 which가 와야 한다. 참고로, it과 them은 대명사이므로 두 문장을 연결하는 접속사 역할을 할 수 없고, 목적격 관계대명사 whom은 사람 명사를 선행사로 받는다.

해석 나는 여러 콘서트에 갔는데, 그중 대부분은 록 밴드의 공연이었다.

38 ② that

해설 빈칸 앞에 추상명사 The news가 있고 뒤에는 완전한 문장(the four-day ~ passed)이 오므로 빈칸에는 동격 접속사 that이 와야 한다.

해석 주4일 근무제 법안이 통과됐다는 소식은 일부 부작용에도 불구하고 근로자들을 환호하게 했다.

39 ① which

해설 빈칸은 앞의 명사 public gardens를 선행사로 받아 콤마(,) 뒤에서 주어가 없는 불완전한 문장을 이끄는 계속적 용법의 주격 관계대명사 자리이므로, 빈칸에는 which가 와야 한다. 참고로, 콤마(,) 다음에 관계대명사 that은 쓰일 수 없으며, 관계부사 where와 '전치사 + 관계대명사' 형태인 for which 뒤에는 완전한 문장이 온다.

해석 시의회가 공원에 투자했는데, 그것은 도시의 녹지 공간을 증진하는 데 기여했다.

40 ④ in which

해설 빈칸은 앞의 장소 명사 the small room을 선행사로 받아 완전한 문장을 이끄는 관계부사 또는 '전치사 + 관계대명사' 자리이므로, 빈칸에는 in which가 와야 한다. 참고로, 또 다른 '전치사 + 관계대명사' 형태인 about which는 '교과서는 작은 방에 대해 보관되어 있다'로 해석이 어색하고, 주격 또는 목적격 관계대명사 which는 뒤에 주어/목적어가 없는 불완전한 문장이 오며, 복합관계대명사 whichever 앞에는 선행사가 오지 않는다.

해석 지금은 정규 강의실이 사용 중이므로 우리는 교과서가 보관된 작은 방으로 가야 할 것이다.

형용사·부사

☆ 기본 개념 잡기

▶ 형용사

형용사는 사물의 성질이나 상태를 나타내는 품사이다. 명사를 수식하거나, 명사의 성질이나 상태를 설명하는 보어로 활용된다.

- Shimson is great <u>teacher</u>. ····▶ 명사 수식
  심슨은 훌륭한 선생님이다.

- <u>Shimson</u> is handsome. ····▶ 보어
  심슨은 잘생겼다.

▶ 부사

부사는 명사를 제외하고 동사나 다른 품사의 뜻을 분명하게 제한해 주는 품사이다. 형용사, 동사, 다른 부사, 그리고 문장 전체 수식에 활용된다.

- Shimson is very <u>handsome</u>. ····▶ 형용사 수식
  심슨은 매우 잘생겼다.

- The bus <u>stopped</u> suddenly. ····▶ 동사 수식
  그 버스는 갑자기 멈췄다.

- I learn English incredibly <u>quickly</u>. ····▶ 다른 부사 수식
  나는 영어를 엄청나게 빨리 배운다.

- Incredibly, **the athlete broke the world record**. ····▶ 문장 전체 수식
  놀랍게도, 그 운동선수는 세계 기록을 깼습니다.

핵심 포인트 잡기

Point 1 **형용사의 용법**

형용사는 명사를 수식하거나 동사의 보어로 사용된다.

제한적 용법	형용사가 명사의 앞·뒤에서 명사의 범위를 제한하는 것, 형 ⌒ 명
서술적 용법	형용사가 주격 보어·목적격 보어 자리에서 주어·목적어를 보충 설명하는 것, 형 + 명 ✕

1 제한적 용법으로만 쓰이는 형용사

아래 형용사들은 전치 수식만 가능하며, 보어로 사용되거나 명사를 후치 수식할 수 없다.

live	살아 있는	lone	외로운	drunken	술에 취한
golden	금으로 만든	wooden	나무로 만든	elder	손위의

- This desk is wooden. ✕
  → This is a wooden desk. ◎
  이것은 나무로 만든 책상이다.

- Experiments on live animals should be banned.
  살아 있는 동물에 대한 실험은 금지되어야 한다.

2 서술적 용법으로만 쓰이는 형용사

아래 형용사들은 보어로 쓰이거나 명사를 후치 수식한다. (후자의 경우 명사와 형용사 사이에 '관계대명사 + be동사'가 생략된 것으로 파악한다.) 명사를 전치 수식할 수 없다는 점에 유의한다.

alive	살아 있는	alike	비슷한	awake	깨어 있는
asleep	잠자는	afraid	두려워하는	aware	알고 있는
alone	혼자인	ashamed	수치스러워하는	akin	유사한

- The man is alive. ⋯▸ the alive man ✕
  그 사람은 살아 있다.

- The baby is asleep. ⋯▸ the asleep baby ✕
  아기가 잠들어 있다.

- He is the fastest man (that is) alive.
  그는 살아 있는 가장 빠른 사람이다.

like	전치사	~같은 / 처럼
alike	형용사	비슷한

- My son is like me.
  나의 아들은 나와 닮았다.

- My son and I are alike.
  내 아들과 나는 닮았다.

- The hospital, like many others across the country, turned to its antiquated loudspeaker system.
  그 병원은 전국의 많은 다른 병원들과 마찬가지로 낡아빠진 확성기 시스템에 의존했다.

🍯 심슨쌤 꿀팁 !

복합 부정대명사의 수식

-thing, -body, -one으로 끝나는 부정대명사는 형용사의 후치 수식을 받는다.

- Something <u>bad</u> just happened.
  나쁜 일이 막 일어났다.

- She moved to a new city and started everything <u>new</u>.
  그녀는 새로운 도시로 이사하여 모든 것을 새롭게 시작했다.

Point **난이형용사 구문**

2

to 부정사의 의미상 주어는 문장의 주어로 쓰일 수 없지만, to 부정사의 목적어는 문장의 주어로 쓰일 수 있다. to 부정사의 목적어가 문장의 주어로 간 경우, to 부정사의 목적어 자리가 비어 있는지 확인한다.

> It + is + 난이형용사 + for + 의미상의 주어 + to RV + 명사
> → 명사 + is + 난이형용사 + for + 의미상의 주어 + to RV

어려운 / 쉬운, 편리한	difficult, hard, tough / easy, convenient
가능한 / 불가능한	possible / impossible

- It is difficult for me to read the book. ◉
  = The book is difficult for me to read. ◉
  ≠ I am difficult to read the book. ✕
  ≠ The book is difficult for me to read the book. ✕
  그 책은 내가 읽기에는 어렵다.

- It is easy for me to cook a delicious meal. ◉
  = A delicious meal is easy for me to cook. ◉
  ≠ I am easy to cook a delicious meal. ✕
  ≠ A delicious meal is easy for me to cook a delicious meal. ✕
  맛있는 요리를 만들기는 내게 쉽다.

- It is impossible for me to pass the exam.
  = The exam is impossible for me to pass. ◉
  ≠ I am impossible to pass the exam. ✕
  ≠ The exam is impossible for me to pass the exam. ✕
  그 시험을 내가 통과하는 것은 불가능하다.

Point 3 수 형용사 vs 양 형용사

수 형용사 + 복수 가산명사		양 형용사 + 불가산명사	
many	많은	much	많은
few / a few	거의 없는 / 약간의	little / a little	거의 없는 / 약간의
quite[not] a few	꽤 많은 수의	quite[not] a little	꽤 많은 양의
a number of	많은 수의	an amount of	많은 양의
several	몇몇의	a great/good deal of	많은

- a number of **pencils**
  많은 수의 연필

- a great deal of **information**
  많은 양의 정보

- The speaker said a few interesting **things**.
  연설자는 몇 가지 흥미로운 것들을 말했다.

- These days we do not save as much **money** as we used to.
  요즘 우리는 예전에 (저축)했던 것만큼 돈을 많이 저축하지는 않는다.

심슨쌤 꿀팁!

many 뒤에는 '복수 명사 + 복수 동사'가 오지만, many a 뒤에는 '단수 명사 + 단수 동사'가 온다.

- Many a **student tries** to pass the exam.
  많은 학생이 시험에 합격하려고 노력한다.

cf 수량 공통 형용사

수량 공통 형용사 + 복수 가산명사/불가산명사			
a lot of / lots of	많은	plenty of	많은
some	몇몇의, 약간의	any	어떤
more	더 많은	most	대부분의
no	어떤 ~도 아닌	all	모든

- A lot of <u>students</u> suffer from exam nerves.
  많은 학생들이 시험 불안증에 시달린다.

- We have a lot of <u>money</u>.
  우리는 많은 돈을 가지고 있다.

Point **형용사의 어순**

4

(중치)한정사는 다른 한정사와 함께 쓰이지 못하며 단독으로 쓰는 것이 원칙이다. 하지만 이에 대한 예외로서 한정사 앞에 위치할 수 있는 다른 한정사를 전치한정사라고 한다. 형용사의 어순은 대체로 아래와 같은 어순을 지킨다.

전치한정사 + (중치)한정사 + 수량형용사 + 성상형용사 + 명사		
전치한정사		all, both, 배수(half, double, three times)
(중치)한정사	소유격 인칭대명사	my, your, their, his, her, its, our
	관사	a(n), the
	지시형용사	this, that, these, those
수량형용사		one, two, many, much, a lot of, plenty of
성상형용사		small, round, rich, red, old

- She plays with <u>her three intelligent</u> sisters.
  그녀는 세 명의 똑똑한 자매들과 논다.

- She spent half <u>the</u> day on the train.
  그녀는 반나절을 기차 안에서 보냈다.

- his all life ⊗ → all <u>his life</u> ◉
  그의 일생

- my both hands ⊗ → both <u>my hands</u> ◉
  나의 두 손

5 이중소유격

(중치)한정사 중복 금지 원칙에 의해 관사와 소유격을 같이 사용할 수 없다. 따라서 아래와 같은 이중소유격 구조를 취해야 한다.

$$\underline{a} + \underline{friend} + \underline{of} + \underline{mine}$$
한정사 　명사 　of 소유대명사

- the my car ⊗ → the car of mine ◎
  나의 그 차

- this my wife's car ⊗ → this car of my wife's ◎
  내 아내의 이 차

- a friend of him ⊗ → a friend of his ◎
  그의 친구 중 한 명

> **cf** half가 a(n)와 쓰일 경우에는 'a + half + 명사'의 어순도 허용한다.

  - The work will take you <u>a</u> half hour. ◎
    = The work will take you half <u>an</u> hour. ◎
    네가 그 일을 하는 데 30분 걸릴 것이다.

6 부사의 용법

부사는 형용사, 부사, 동사, 혹은 문장을 수식한다.

① ly를 붙이면 뜻이 바뀌는 형용사·부사

late	형 늦은 부 늦게	lately	부 최근에 **cf** latest 형 최신의
hard	형 힘든, 열심인 부 열심히	hardly	부 거의 ~하지 않는
near	형 가까운 부 가까이	nearly	부 거의
high	형 높은 부 높이, 높게	highly	부 매우, 고귀하게

- I got up late.
  나는 늦게 일어났다.

- Have you seen her lately?
  최근에 그녀를 본 적 있니?

- The number of employees who come late has lately increased.
  지각하는 직원들의 수가 최근에 증가했다.

심슨쌤 꿀팁!

well 형 건강한 부 잘 vs good 형 좋은

- Even young children like to be complimented for a job done well.
  심지어 어린아이들도 잘한 일에 대해 칭찬을 받는 것을 좋아한다.

- Did you have a good time in Tokyo?
  도쿄에서는 좋은 시간 보내셨어요?

2 부사로 착각하기 쉬운 -ly 형용사

friendly	친근한	costly	값비싼	lively	활기찬
deadly	치명적인	lonely	외로운	timely	시기적절한

- a warm and friendly person
  따뜻하고 친근한 사람

- a costly mistake
  대가가 큰 실수

- an intelligent and lively young woman
  지적이고 활기찬 한 젊은 여성

- We have to finish this work in a timely manner.
  우리는 이른 시일 내에 이 일을 끝내야 한다.

enough의 위치

enough가 형용사로 쓰이면 명사 앞뒤 모두에서 수식할 수 있지만, 부사로 쓰이면 후치 수식만 가능하다.

형용사 + enough (to RV)

- There is enough food for everybody. ◎
  There is food enough for everybody. ◎
  모든 사람에게 돌아갈 만큼 충분한 식량이 있다.

- The pole was just long enough to reach the top window. ◎
  The pole was just enough long to reach the top window. ✕
  그 막대는 꼭대기 창에 딱 닿을 만큼 충분히 길었다.

- He felt comfortable enough to tell me about something he wanted to do. ◎
  He felt enough comfortable to tell me about something he wanted to do. ✕
  그는 자신이 하고 싶은 일에 대해 나에게 말할 수 있을 만큼 충분히 편하게 느꼈다.

혼동하기 쉬운 부사의 구분

1 **very vs much**

very	much
형용사·부사의 **원급** 수식 This smartphone is very cheap. 이 스마트폰은 매우 저렴하다.	형용사·부사의 **비교급** 수식 This smartphone is much cheaper than yours. 이 스마트폰은 너의 것보다 훨씬 더 저렴하다.
the very 최상급 He is the very tallest man I know. 그는 내가 아는 사람 중 가장 키가 크다.	**much the** 최상급 Nikolai's English was much the worst. Nikolai의 영어 실력은 단연 최악이었다.
현재분사 수식 Last night's game was very exciting. 어젯밤의 게임은 정말 재미있었다.	**과거분사** 수식 You are much appreciated for your hard work. 여러분들의 수고에 대해 매우 감사드립니다.
동사 수식 불가	**동사 수식** Thank you very much. 정말 감사합니다.

＊단, 감정을 나타내는 과거분사(surprised, pleased 등)는 very가 수식하는 것이 더 일반적이다.

- The root meaning of philanthropy is much more universal and accessible.
  자선 활동의 근본적 의미는 훨씬 보편적이고 접근하기 쉽다.

- Jessica is a very careless person who often forgets her keys.
  Jessica는 자주 열쇠를 잃어버리는 매우 부주의한 인물이다.

2 **most** vs **almost**

most	대명사	대부분	most of the people
	형용사	대부분의	most people
	부사	가장	most beautiful
almost	부사	거의	almost all (of) the people cf almost people ⊗

- Most of **the students are from Korea.** [대명사]
  = Most **students are from Korea.** [형용사]
  = Almost **all (of) the students are from Korea.** [부사]
  대부분의 학생들이 한국에서 왔다.

- Most **people have simply trusted the government and corporations to ensure the safety of the new product.**
  대부분의 사람들은 단순히 정부와 기업들이 신상품의 안전을 보장해 줄 것이라고 믿어 왔다.

3 **too** vs **either**

too	~또한 ~하다 (긍정동의)
either	~또한 ~하지 않다 (부정동의)

- He is clever, **and he** is handsome, too.
  그는 영리하고 또한 잘생겼다.

- He doesn't enjoy fish, **and she** doesn't, either.
  그는 생선을 즐겨 먹지 않으며, 그녀 또한 마찬가지이다.

부정부사

9 ❶ **부정부사의 이중부정 금지**

부정부사는 부정의 의미를 내포하고 있으므로, not 등의 부정어와 함께 쓸 수 없다.

- Lucy doesn't hardly stay up all night. ⊗
  → Lucy hardly stays up all night. ◉
  Lucy는 거의 밤을 새우지 않는다.

❷ **부정부사의 도치**

부정부사가 문두에 오는 경우에는 '대동사 + 주어'의 어순으로 도치되어야 하며, 이때 동사의 종류·시제·수·인칭에 알맞은 대동사를 사용해야 한다.

> hardly, scarcely, rarely, barely, seldom, neither, never, little

- Hardly can I make myself understood in English.
  나는 내 말을 영어로 잘 이해시킬 수 없다.

- Scarcely did Daisy dream that she would marry her boyfriend.
  Daisy는 자신이 남자친구와 결혼할 줄은 꿈에도 몰랐다.

- Never did Jane cry when she failed the exam.
  Jane은 시험에 떨어졌을 때 절대로 울지 않았다.

- Little did I dream that he had told me a lie.
  그가 내게 거짓말했으리라고는 꿈에도 생각하지 못했다.

빈도부사의 위치

10 often, sometimes, usually, always, hardly 등의 빈도부사는 '일반동사 앞, be동사와 조동사 뒤'에 위치한다. '조동사 + be동사'가 올 경우 조동사와 be동사의 사이에 위치한다.

- I am always on time for work.
  나는 항상 정시에 출근한다.

- He sometimes writes to me.
  그는 때때로 나에게 편지를 쓴다.

- She will always be my best friend no matter what happens.
  무슨 일이 벌어져도 그녀는 언제나 나의 가장 친한 친구일 것이다.

Point **'타동사 + 전치사 형태의 부사'에서 목적어의 위치**

11

목적어가 일반명사	타동사 + **목적어** + 부사 → 주로 부사는 up/down, off/on ◎ 타동사 + 부사 + **목적어** ◎
목적어가 대명사	타동사 + **목적어** + 부사 ◎ 타동사 + 부사 + **목적어** ✕

• You should put <u>your seatbelt</u> on. ◎
  You should put on <u>your seatbelt</u>. ◎
  당신은 안전벨트를 착용해야 한다.

• You should put <u>it</u> on. ◎
  You should put on <u>it</u>. ✕
  너는 그것을 입어야 한다.

• He has been to the station to see <u>her</u> off. ◎
  He has been to the station to see off <u>her</u>. ✕
  그는 그녀를 배웅하러 역에 다녀왔다.

Exercise

[01 - 25] 다음 중 어법상 적절한 것을 고르시오.

01   Many birds look **[alike / like]** when they fly.

02   To our surprise, he caught **[an alive / a live]** tiger.

03   Most of the used cars were as **[clean / cleanly]** as the new cars.

04   In 2002, **[most / almost]** all companies in Teheran Valley downsized.

05   Santa Claus made children **[happy / happily]** by giving them presents.

06   The country has used up its natural resources **[complete / completely]**.

07   The battery indicator is low. We have **[few / little]** power left on the laptop.

01 alike

해설 뒤에 명사가 아닌 시간 부사절이 있으므로 전치사 like가 아닌 2형식 오감 동사 look의 주격 보어 역할로 쓰일 수 있는 형용사 alike가 적절하다. alike는 서술적 용법으로만 쓰이는 형용사이다.

해석 많은 새들은 날 때 비슷해 보인다.

02 a live

해설 live와 alive 둘 다 형용사이지만, alive는 서술적 용법으로만 쓰이는 형용사이므로 보어로 사용되거나 명사를 후치 수식할 수 있다. 따라서 명사를 앞에서 수식할 수 있는 a live가 적절하다.

해석 놀랍게도, 그는 살아 있는 호랑이를 잡았다.

03 clean

해설 2형식 동사 be동사는 형용사를 주격 보어로 취할 수 있으며, 주격 보어는 주어를 보충 설명한다. 또한 문맥상 주어인 대부분의 중고차들이 '깨끗한' 것이므로, 형용사 clean이 적절하다.

해석 대부분의 중고차들은 새 차들만큼 깨끗했다.

04 almost

해설 most는 대명사로 '대부분', 형용사로 '대부분의', 부사로 '가장'이라는 뜻이고, almost는 부사로 '거의'라는 뜻이다. 형용사 all을 수식할 수 있는 것은 부사인데, 문맥상 '거의' 모든 회사로 해석하는 것이 자연스러우므로 부사 almost가 적절하다.

해석 2002년에 Teheran Valley의 거의 모든 회사들이 규모를 축소했다.

05 happy

해설 make가 5형식 동사로 쓰이는 경우 목적격 보어 자리에 형용사는 올 수 있지만 부사는 올 수 없다. 또한 문맥상 만드는 행위가 행복한 것이 아니라 목적어인 아이들이 행복한 것이므로, 부사 happily가 아닌 형용사 happy가 적절하다.

해석 산타클로스는 아이들에게 선물을 줌으로써 그들을 행복하게 만들었다.

06 completely

해설 문맥상 '완전한' 천연자원을 다 써 버리는 것이 아닌, 천연자원을 '완전히' 다 써 버리는 것이 자연스러운 해석이므로, 타동사구 has used up을 수식하는 부사 completely가 적절하다.

해석 그 나라는 천연자원을 완전히 다 써 버렸다.

07 little

해설 few는 수 형용사로 뒤에 복수 가산명사가 오고, little은 양 형용사로 뒤에 불가산명사가 온다. 따라서 뒤에 power라는 불가산명사가 나와 있으므로, little이 적절하다.

해석 배터리 표시등의 잔량이 부족하다. 노트북에 전원이 거의 남아 있지 않다.

08 As soon as the insect was removed, the printer worked **[perfect / perfectly]**.

09 George has not completed the assignment yet, and Mark hasn't **[too / either]**.

10 It was not until he failed the math test that he decided to study **[hard / hardly]**.

11 Proper hydration requires drinking a certain **[number / amount]** of water daily.

12 Have you read **[anything fascinating / fascinating anything]** on social media lately?

13 As we grew older, Mom made sure we did our part by keeping our rooms **[neat / neatly]**.

08 perfectly

해설 문맥상 '완벽한' 프린터가 작동하는 것이 아닌, 프린터가 '완벽하게' 작동하는 것이 자연스러우므로, 동사 worked를 수식하는 부사 perfectly가 적절하다.

해석 그 곤충을 없애자마자, 프린터는 완벽하게 작동했다.

09 either

해설 too는 긍정동의를 나타낼 때 쓰고, either는 부정동의를 나타낼 때 쓴다. 앞 문장이 not이 포함된 부정문이므로, 부정동의 표현인 either가 적절하다.

해석 George는 아직 과제를 끝내지 못했고, Mark 또한 그렇다.

10 hard

해설 hard는 형용사로 '힘든, 열심인', 부사로 '열심히'라는 뜻이고, hardly는 부사로 '거의 ~하지 않는'이라는 뜻이다. 문맥상 '열심히' 공부하는 것이 자연스러우므로 부사 hard가 적절하다.

해석 수학 시험에 낙제하고 나서야 그는 열심히 공부하기로 결심했다.

11 amount

해설 a number of는 수 형용사로 뒤에 복수 가산명사가 오고, an amount of는 양 형용사로 뒤에 불가산명사가 온다. 따라서 뒤에 water라는 불가산명사가 나와 있으므로, amount가 적절하다.

해석 적절한 수분 섭취를 위해서는 매일 일정량의 물을 마셔야 한다.

12 anything fascinating

해설 −thing, −body, −one으로 끝나는 부정대명사는 형용사의 후치 수식을 받는다. 따라서 형용사가 대명사 뒤에 위치한 anything fascinating이 적절하다.

해석 당신은 최근에 소셜 미디어에서 흥미로운 것을 읽은 적이 있나요?

13 neat

해설 keep이 5형식 동사로 쓰이는 경우 목적격 보어 자리에 형용사는 올 수 있지만 부사는 올 수 없다. 또한 문맥상 유지하는 동작이 단정한 것이 아니라 목적어인 우리의 방이 단정한 것이므로, 형용사 neat이 적절하다.

해석 우리가 점점 커 가면서 어머니는 방을 깔끔하게 정리하는 것으로 우리의 역할을 다하도록 하셨다.

14   The veterinarian came and tried giving the lion some red meat **[full of / fully of]** medicine.

15   Generally, the museum remains **[open / openly]** throughout the year except Christmas Eve.

16   Students facing **[high / highly]** challenging exams benefit from good time management skills.

17   **[Many a flower / Many flowers]** blooms in the springtime, filling the air with sweet fragrance.

18   At the auction, the rare collectible coin was bought for **[a lot of / a great number of]** money.

19   Paradoxically, silence can be **[very / much]** more powerful than words in conveying emotions.

14 full of

해설 형용사(구)는 명사를 앞에서뿐만 아니라 뒤에서 수식할 수 있다. 또한 문맥상 '약으로 가득 찬' 붉은색 살코기라고 하는 것이 자연스러우므로, 명사 meat을 수식하는 형용사구 full of가 적절하다.

해석 수의사가 와서 약으로 가득 찬 붉은색 살코기를 그 사자에게 먹여 보려고 애썼다.

15 open

해설 remain은 '남아 있다'라는 뜻의 1형식 자동사 또는 '(계속) ~이다'라는 뜻의 2형식 자동사로 쓰인다. 문맥상 박물관이 연중 '공공연하게 남아 있다'가 아닌 '계속 열려 있다'가 자연스러우므로, 주어 the museum을 보충 설명하는 주격 보어 역할인 형용사 open이 적절하다.

해석 보통, 그 박물관은 크리스마스이브를 제외하고는 연중 열려 있다.

16 highly

해설 high는 형용사로 '높은', 부사로 '높이, 높게'라는 뜻이고, highly는 부사로 '매우, 고귀하게'라는 뜻이다. 문맥상 '매우' 어려운 시험이라고 하는 것이 자연스러우므로, 형용사 challenging을 수식하는 부사로 highly가 적절하다.

해석 매우 어려운 시험에 직면한 학생들은 시간 관리 능력의 덕을 본다.

17 Many a flower

해설 many는 수 형용사로 명사를 수식할 때 두 가지 형태로 쓸 수 있는데, 'many + 복수 명사 + 복수 동사'와 'many a + 단수 명사 + 단수 동사'이다. 뒤에 blooms라는 단수 동사가 나와 있으므로, 주어로 Many a flower가 적절하다.

해석 많은 꽃이 봄날에 피어나 달콤한 향기로 공기를 가득 채운다.

18 a lot of

해설 a lot of는 수량 형용사로 뒤에 복수 가산명사와 불가산명사 모두 올 수 있고, a (great) number of는 수 형용사로 뒤에 복수 가산명사가 온다. 따라서 뒤에 money라는 불가산명사가 나와 있으므로, a lot of가 적절하다.

해석 경매에서 희귀 수집용 동전이 거액에 팔렸다.

19 much

해설 부사일 때 very는 형용사/부사의 원급을 수식하고, much는 비교급을 수식한다. 뒤에 비교급 more powerful than이 나오므로, much가 적절하다. 참고로 비교급을 강조하는 부사는 much, still, even, (by) far, a lot 등이 있다.

해석 역설적이게도, 감정을 전달할 때 침묵이 말보다 훨씬 더 강력할 수 있다.

20 In a marathon, runners may lose [**a number of** / **an amount of**] liters of water through sweat.

21 Being [**enough brave** / **brave enough**] to speak up can make a significant difference in the world.

22 In the foreseeable future, renewable energy sources will help reduce harmful and [**cost** / **costly**] emissions.

23 The first automobile was powered by a small steam engine attached to the front wheel and was [**enough large** / **large enough**] to carry four passengers.

24 Possibly the most effective way to focus on your goals is to _____.
① write it down   ② write down it
③ write them down   ④ write down them

25 The musician's _____ albums have topped the charts consistently, earning critical acclaim.
① many   ② much   ③ all   ④ another

20 a number of

해설 a number of는 수 형용사로 뒤에 복수 가산명사가 오고, an amount of는 양 형용사로 뒤에 불가산명사가 온다. 따라서 뒤에 liters라는 복수 가산명사가 나와 있으므로, a number of가 적절하다.

해석 마라톤에서 달리기 선수는 땀으로 인해 수 리터의 수분을 잃을 수 있다.

21 brave enough

해설 enough가 형용사로 쓰이면 명사 앞뒤 모두에서 수식할 수 있지만, 부사로 쓰이면 형용사나 부사를 후치 수식만 가능하다. 따라서 enough가 부사로 쓰여 형용사 brave를 수식하는 것이므로, brave enough가 적절하다.

해석 목소리를 낼 수 있을 만큼 용감한 것은 세상에 큰 변화를 불러올 수 있다.

22 costly

해설 cost는 명사, costly는 명사 cost에 –ly가 붙어 완성된 형용사이다. 문장 구조상 등위접속사 and로 병렬 연결된 형용사 harmful과 함께 명사 emissions를 수식하는 자리이므로, 형용사 costly가 적절하다. 참고로 costly는 부사로 착각하기 쉬운 –ly 형용사임에 유의한다.

해석 가까운 미래에 재생 에너지원은 유해하고 비용이 많이 드는 배출물을 줄이는 데 도움이 될 것이다.

23 large enough

해설 enough가 형용사로 쓰이면 명사 앞뒤 모두에서 수식할 수 있지만, 부사로 쓰이면 형용사나 부사를 후치 수식만 가능하다. 따라서 enough가 부사로 쓰여 형용사 large를 수식하는 것이므로, large enough가 적절하다.

해석 최초의 자동차는 앞바퀴에 달린 작은 증기 엔진 동력으로 움직였고, 4명의 승객을 태울 정도로 충분히 컸다.

24 ③ write them down

해설 to 부정사의 동사는 write down이고 목적어는 앞에 나온 복수 명사 goals를 받는 대명사 them인데, '타동사 + 전치사 형태의 부사'에서 대명사가 목적어로 나오면 대명사 목적어는 반드시 동사와 부사 사이에 써야 한다. 따라서 빈칸에는 '타동사 + 대명사 목적어 + 부사'의 형태인 write them down이 와야 한다.

해석 아마도 당신의 목표에 집중하는 가장 효과적인 방법은 그것을 적어 보는 것이다.

25 ① many

해설 빈칸은 소유격 musician's와 함께 뒤에 오는 복수 명사 albums를 수식하는 형용사 자리이다. 복수 명사를 수식할 수 있는 형용사는 many와 all인데, 소유격 다음에 위치할 수 있는 형용사는 수량형용사이므로 빈칸에는 many가 와야 한다. all은 전치한정사로 다른 한정사보다 제일 앞에 오기 때문에 어순이 틀리게 되며, much는 뒤에 불가산명사가, another는 뒤에 단수 명사가 와야 하므로 적절하지 않다.

해석 그 음악가의 여러 앨범은 꾸준히 차트 1위를 차지하며 비평가들의 찬사를 받았다.

UNIT 10 명사·관사·대명사·전치사

기본 개념 잡기

> ### 명사

사람, 사물, 장소, 또는 눈에 보이지 않는 추상적인 것 등의 이름을 가리키는 말이다. 명사는 크게 가산명사(셀 수 있는 명사)와 불가산명사(셀 수 없는 명사)로 나눌 수 있다.

- 가산명사(단수/복수) – baby, student, cup, table, people, children
- 불가산명사 – love, freedom, water, air, power, information

> ### 관사

명사 앞에 놓여 가벼운 제한을 가하는 단어로, 부정관사 a와 an, 정관사 the가 이에 속한다.

- 부정관사(a, an) – 정해지지 않은 '하나, 하나의'라는 의미로 가산명사 앞에서 쓰인다.
- 정관사(the) – 주로 '그'라는 의미로 청자도 알고 화자도 아는, 이미 정해진 명사 앞에서 쓰인다.

> ### 대명사

명사를 대신하여 쓰는 말이다. 인칭대명사, 재귀대명사, 지시대명사, 부정대명사가 있다.

- 인칭대명사 – I, you, he, she, we, they, it 등
- 재귀대명사 – myself, yourself, himself, herself, ourselves 등
- 지시대명사 – this, these, that, those
- 부정대명사 – some, any, one, another, each, all 등

> ### 전치사

명사나 대명사 앞에 와서 시간, 방향, 장소 등의 추가 정보를 제공하는 말이다.

- in, on, at, by, to, into, toward, with, without 등
- 구전치사 – because of, due to, in spite of, instead of 등

핵심 포인트 잡기

Point **집합명사**

1

① **furniture형(불가산명사)** → 항상 단수 취급

furniture	가구	equipment	장비
knowledge	지식	information	정보
news	소식	evidence	증거
advice	충고	luggage/baggage	짐, 수화물

- I'll buy new furniture for our living room. ···▸ a furniture ⊗ / furnitures ⊗
  나는 우리 거실을 위해 새로운 가구를 살 것이다.

- Sufficient information is still missing. ···▸ an information ⊗ / informations ⊗
  충분한 정보가 아직 없다.

- I need advice for my business. ···▸ an advice ⊗ / advices ⊗
  나는 사업을 위한 조언이 필요하다.

② **family형** → 해석에 따라 단수 혹은 복수 취급

구성원 전체를 하나의 집단으로 여길 때는 단수 취급하고, 집단의 각 구성원들을 강조할 때는 복수 취급한다.

family	가족	committee	위원회
staff	직원	audience	관객
team	팀	class	학급

- My family is a large one.
  우리 집은 대가족이다.

- My family are all well.
  우리 집안 식구들은 모두 건강하다.

Point 2 of + 추상명사 = 형용사

of ability	유능한 (= able)	of importance	중요한 (= important)
of use	유용한 (= useful)	of value	가치 있는 (= valuable)
of help	도움 되는 (= helpful)	of interest	흥미로운 (= interesting)

- Education is of importance for personal development and social progress.
  교육은 개인의 발전과 사회의 발전을 위해 중요하다.

- A dictionary is of great help when learning a new language.
  새로운 언어를 배우는 데 사전은 큰 도움이 된다.

- Fire following an earthquake is of special interest to the insurance industry.
  지진에 따른 화재는 보험업계에선 특별한 관심 대상이다.

Point 3 관사의 기본개념

① 부정관사 a, an

■ 불특정한 하나를 가리키는 경우

- He put a coin in the charity pot.
  그는 자선냄비에 동전을 하나 집어넣었다.

■ '~당'을 뜻하는 경우 (= per)

- I brush my teeth twice a day.
  나는 하루에 두 번 이를 닦는다.

- The speed limit on this road is 50 miles an hour.
  이 도로의 제한 속도는 시속 50마일이다.

- We cannot do two things at a time.
  우리는 한 번에 두 가지 일을 할 수 없다.

2 정관사 the

1 화자와 청자 모두가 이미 아는 것 또는 정해진 것을 가리키는 경우

- It's a little chilly. Will you close the window?
  좀 쌀쌀한데. 창문 좀 닫아 줄래?

2 유일한 것을 가리키는 경우

자연물	the sun, the moon, the sky, the sea, the wind, the air
천체	the environment, the weather, the equator(적도), the world, the Earth
방위	the east, the west

* nature(자연)는 정관사 the와 함께 쓸 수 없다.

- The sun rises in the east.
  해는 동쪽에서 뜬다.

- I like to watch the moon reflect on the sea.
  나는 달이 바다에 비치는 것을 보는 것을 좋아한다.

3 the + 형용사 = 복수 명사

앞에 정관사가 붙고, 복수 취급한다.

the young	젊은이들	the old[elderly]	노인들
the poor	가난한 사람들	the rich[wealthy]	부자들
the unemployed	실업자들	the injured[wounded]	부상자들

- Raisins were once an expensive food, and only the wealthy ate them.
  건포도는 한때 값비싼 음식이었고, 부자들만이 그것을 먹었다.

- The injured were taken to the nearby hospital.
  부상자들은 인근의 병원으로 실려 갔다.

- They think that the elderly are protected.
  그들은 노인들이 보호받는다고 생각한다.

- Numerous policies have been implemented to help the unemployed.
  실업자들을 돕기 위해 수많은 정책이 시행되어 왔다.

관사의 위치

4 **①** **관사의 일반적인 위치**

관사 + 부사 + 형용사 + 명사

- Mike is <u>a</u> very competent businessman.
  Mike는 매우 유능한 사업가이다.

② **관사의 변화되는 위치**

such, what, quite, many + <u>a(n)</u> + 형 + 명

- It's such <u>a</u> beautiful day!
  정말 아름다운 날이군!

- What <u>a</u> beautiful house!
  정말 아름다운 집이군!

- Today is quite <u>a</u> nice day.
  오늘은 꽤 좋은 날씨이다.
  * quite는 영국식 영어에서 'a + quite + 형 + 명'의 어순을 허용한다.

- Many <u>a</u> good man has been destroyed by drink.
  많은 훌륭한 사람들이 술로 인해 인생을 망쳐 왔다.

so, as, too, how, however + 형 + <u>a(n)</u> + 명

- He handed in so succinct <u>a</u> report that we do not need to revise it.
  그가 매우 간명한 리포트를 제출해서 우리가 교정할 필요가 없다.

- That is too difficult <u>a</u> problem for a child to solve.
  그것은 어린이가 풀기에 지나치게 어려운 문제이다.

- How fine <u>a</u> day it is!
  오늘은 날씨가 정말 좋군!

- However great <u>a</u> man he is, he is not always right.
  그가 제아무리 대단한 사람이라 해도 그가 항상 옳은 것은 아니다.

Point **인칭대명사**

5 인칭대명사는 수와 격을 외워 두어야 한다.

인칭	단수					복수				
	주격	소유격	목적격	소유 대명사	재귀 대명사	주격	소유격	목적격	소유 대명사	재귀 대명사
1인칭	I	my	me	mine	myself	we	our	us	ours	ourselves
2인칭	you	your	you	yours	yourself	you	your	you	yours	yourselves
3인칭	he	his	him	his	himself	they	their	them	theirs	themselves
	she	her	her	hers	herself					
	it	its	it	–	itself					

- She is going to the store to buy groceries.
  그녀는 상점에 장을 보러 가고 있다.

- They are studying for their exams together.
  그들은 함께 시험공부를 하고 있다.

- They were all pleased except Jane and me.
  Jane과 나를 제외하고 그들은 모두 기뻐했다.

🖐 *심순쌤 꿀팁!*

대명사의 단/복수 수일치

시험에서는 특히 대명사 it vs them 또는 its vs their의 수일치를 많이 묻는다.

- We can't give up electricity, but we can control the ways we use it.
  우리는 전기를 포기할 수는 없지만, 그것을 사용하는 방법을 통제할 수는 있다.

- The teacher explained the complex theory to her students, simplifying it to make them understand.
  선생님은 복잡한 이론을 학생들에게 설명하면서 그들이 이해하도록 이론을 단순화했다.

재귀대명사

6 인칭대명사 뒤에 단수는 -self를, 복수는 -selves를 붙인 대명사이다.

① 재귀 용법

주어와 목적어가 같은 경우 목적어 자리에 반드시 재귀대명사를 사용해야 하며, 인칭대명사와 마찬가지로 수와 격에 주의해야 한다.

- She introduced herself to new friends.
  그녀는 새로운 친구들에게 자신을 소개했다.

- They blamed themselves for the failure.
  그들은 실패의 책임을 자신들에게 돌렸다.

- He constantly feels he has to prove himself to others.
  그는 끊임없이 다른 사람들에게 자기 자신을 입증해야 한다고 생각한다.

② 강조 용법

재귀대명사가 명사를 강조하기 위해 쓰일 수도 있는데, 이 경우 '자신이 직접, 스스로'라고 해석하며 생략이 가능하다.

- She herself made such a mistake.
  = She made such a mistake herself.
  그녀 스스로 그런 실수를 저질렀다.

③ 재귀대명사 관용 표현

by oneself (= on one's own)	혼자서	for oneself	스스로, 자신을 위해
in itself	그것 자체가, 본질적으로	adapt oneself to	~에 적응[순응]하다

- It's impossible to finish it by oneself.
  그것을 혼자서 끝내는 것은 불가능한 일이다.

- He built a bookshelf for himself.
  그는 자신을 위해 책장을 만들었다.

- The problem is not important in itself.
  그 문제가 그 자체로는 중요하지 않다.

- Human beings quickly adapt themselves to the environment.
  인간은 환경에 빨리 적응한다.

부정대명사

all, both, each, either, none, -thing, -body, -one 등 불특정한 사람이나 사물을 나타내는 대명사이다.

1 one vs it

one	불특정한 하나를 가리킴 (= a + 명사)
it	앞서 나온 것을 가리킴 (= the + 명사)

- I need to buy a workbook. Would you recommend one?
  나는 연습장을 하나 사야 해. 하나 추천해 줄래?

- Sam bought a sunflower. He gave it to Alice.
  Sam은 해바라기 한 송이를 샀다. 그는 그것을 Alice에게 줬다.

2 one vs another vs the other

one	처음 하나	another another + 단수 명사	또 다른 하나	the other	마지막 남은 하나
some	처음 몇 개	others other + 복수 명사	또 다른 것들	the others	마지막 남은 것들

- Shimson bought two shirts. One is blue, and the other is black.
  Shimson은 두 장의 셔츠를 구입했다. 하나는 파란색이고, 나머지 하나는 검은색이다.

- If you don't like this plan, I have another.
  만약 네가 이 계획이 마음에 들지 않는다면, 나는 또 다른 계획이 있다.

- Next year, I will move to another city.
  내년에 나는 다른 도시로 이사를 갈 것이다.

- Some (people) prefer coffee, and others[other people] prefer tea.
  몇몇 사람들은 커피를 선호하고, 다른 사람들은 차를 선호한다.

- Some of them stayed at the library, and the others went out for dinner.
  그들 중 일부는 도서관에 머물렀고, 나머지는 저녁 식사를 하러 나갔다.

심슨쌤 꿀팁!

A is one thing and B is another 'A와 B는 별개의 문제이다'

- Romance is one thing and marriage is another. 로맨스와 결혼은 별개의 문제이다.
- Saying is one thing and doing is another. 말하는 것과 행동하는 것은 별개의 문제이다.

3 **each** vs **every**

	부정대명사	부정형용사
each	+ 단수 동사 + of + 복수 명사 + 단수 동사	+ 단수 명사 + 단수 동사
every	대명사로 쓸 수 없음	+ 단수 명사 + 단수 동사

- Each <u>has</u> its own unique sense of style.
  각자는 자신의 독특한 스타일 감각이 있다.

- Each of the answers <u>is</u> worth 20 points.
  각각의 정답은 20점의 가치가 있다.

- Each country <u>has</u> its own legal system.
  각각의 나라에는 고유한 법체계가 있다.

- Every person at the meeting <u>is</u> fond of the idea.
  그 회의에 참석한 모든 사람은 그 아이디어를 좋아한다.

- Every flower in the garden <u>is</u> blooming beautifully.
  정원에 있는 모든 꽃이 아름답게 피어나고 있다.

cf every A and B도 단수 취급한다.

- Every man and woman <u>has</u> donated his or her blood.
  모든 남녀가 헌혈을 했다.

🖉 심슨쌤 꿀팁!

~마다, ~에 한 번

> every + 기수(two, three) + 복수 명사
> every + 서수(second, third) + 단수 명사

- My house is painted every <u>five years</u>.
  우리 집은 5년마다 페인트칠 된다.

- She comes to see me once every <u>sixth day</u>.
  그녀는 6일에 한 번씩 나를 보러 온다.

④ 부분 부정과 전체 부정

1 부분 부정

전체를 의미하는 all, both, every, always, necessarily가 부정어와 결합하면 '모두 ~한 것은 아니다'라는 뜻의 부분 부정이 된다.

- **All** that glitters is **not** gold.
  반짝이는 모든 것이 금은 아니다.

- He does **not** know **every** information.
  그가 모든 정보를 아는 것은 아니다.

- Plastic containers are **not always** recyclable.
  플라스틱 용기가 항상 재활용이 가능한 것은 아니다.

2 전체 부정

부분을 의미하는 any, either를 부정하거나 no, none, neither 등을 사용하면 '어떤 것도 ~하지 않다'라는 뜻의 전체 부정이 된다. 이때 any나 either는 항상 부정어보다 뒤에 위치한다. 문두에서는 Not ~ any, Not ~ either 대신 No/None, Neither로 쓰는 것이 원칙이다.

> not ~ any/either ◎
> any/either ~ not ⊗

- I don't like **any** of my clothes.
  나는 내 옷이 전부 마음에 안 든다.

- I don't usually communicate with **either** of my parents.
  나는 보통 부모님 중 어떤 분과도 대화를 하지 않는다.

- **Any** nation cannot do well without carrying out international trade. ⊗
  → **No** nation can do well without carrying out international trade. ◎
  어떤 나라도 국제 무역을 수행하지 않고 잘 지낼 수 없다.

8 **지시대명사**

특정한 사물을 지시하여 가리키는 대명사로, this, these, that, those 등이 있다.

- **This** is a book.
  이것은 책이다.

- **Those** are dogs.
  저것들은 개들이다.

1 **앞 명사의 반복을 피하는 that of / those of**

앞에 나온 명사가 단수이면 that을, 복수이면 those를 사용한다.

- <u>The climate</u> of Hawaii is warmer than that of Seoul.
  하와이의 기후는 서울의 기후보다 더 따뜻하다.

- <u>The traffic</u> of a big city is busier than that of a small city.
  대도시의 교통은 소도시의 교통보다 더 혼잡하다.

- <u>The ears</u> of a rabbit are longer than those of a wolf.
  토끼의 귀는 늑대의 귀보다 더 길다.

- They also tend to imagine that their <u>futures</u> will be brighter than those of their peers.
  그들은 또한 자신들의 미래가 동료들의 미래보다 더 밝을 것이라고 상상하는 경향이 있다.

2 **불특정 일반인을 나타내는 those**

those가 후치 수식을 받는 경우, 특히 관계대명사의 수식을 받는 경우 '~하는 사람들'의 의미를 나타낼 수 있다.

- Heaven helps those who help themselves.
  하늘은 스스로 돕는 자들을 돕는다.

Point **혼동하기 쉬운 전치사의 구분**

9 ① until vs by '~까지'

until[till]	동작·상태의 지속 → "계속"을 넣어 해석
by	동작의 완료 → "늦어도"를 넣어 해석

- I will wait for you until[till] noon.
  나는 정오까지 너를 (계속) 기다릴게.

- She stayed at our house until[till] the end of last week.
  그녀는 지난 주말까지 (계속) 우리 집에 머물렀다.

- We have to finish the work by the end of this month.
  우리는 그 일을 (늦어도) 이번 달 말까지 끝내야 한다.

- We have to complete this project by 7 p.m.
  우리는 이 프로젝트를 (늦어도) 오후 7시까지 완료해야 한다.

② for vs during '~동안'

for	+ 불특정 기간 (주로 숫자를 포함) **ex** for four days, for two weeks, for a long time
during	+ 특정 기간 (주로 한정사를 포함) **ex** during his vacation, during the spring

- I have known her for a very long time.
  나는 그녀를 매우 오랫동안 알아 왔다.

- During the war, we had very little to eat.
  전쟁 중에 우리는 먹을 것이 거의 없었다.

③ beside vs besides

beside	전치사	~의 옆에; ~을 벗어난
besides	전치사	~ 외에(도)
	접속부사	게다가

- He sat beside me.
  그는 내 옆에 앉았다.

- No one knows it besides me.
  나 외엔 아무도 그것을 모른다.

- I don't want to eat this. Besides, I'm not hungry.
  나는 이것을 먹고 싶지 않다. 게다가, 배가 고프지도 않다.

4 **between** vs **among** '~ 사이에'

between	주로 둘 사이에서 / 비교급과 어울림 **ex** between you and me
among	셋 이상 사이에서 / 최상급과 어울림 **ex** among the crowd

- The competition between the two teams was fierce until the very end.
  마지막 순간까지 양 팀의 경쟁이 치열했다.

- She is the best among the applicants.
  그녀는 지원자들 중 최고이다.

5 **on** vs **at** vs **in** '~에'

on	+ 특정일 / 날짜 / 요일 **ex** on New Year's Day, on June 5, on Monday
at	+ 시각 / 새벽·밤 / 정오·자정 **ex** at two o'clock, at night, at noon
in	+ 오전·오후 / 아침·저녁 / 연도 / 월 / 계절 / 세기 **ex** in the afternoon, in the morning, in 2018, in June, in fall, in the 19th century

- It snowed on Friday.
  금요일에 눈이 왔다.

- It snowed at 6.
  6시에 눈이 왔다.

- It snowed in the afternoon.
  오후에 눈이 왔다.

cf 특정일의 오전·오후 앞에는 in이 아닌 on을 쓴다.

- It snowed on the afternoon of May 11.
  5월 11일 오후에 눈이 왔다.

cf 'in + 시간'은 '~ 후에', 'within + 시간'은 '~ 이내'로 해석한다.

- The meeting starts in 10 minutes.
  회의는 10분 후에 시작된다.

- The train will arrive within the hour.
  기차는 한 시간 이내에 도착한다.

6 **be made from** vs **be made of** '~으로 만들어지다'

be made from	화학적 변화 (재료의 본래 형태가 눈으로 보이지 않음)
be made of	물리적 변화 (재료의 본래 형태가 눈으로 보임)

- **Cheese** is made from **milk.**
  치즈는 우유로 만들어진다.

- **It is a good product** made of **glass.**
  그것은 유리로 만들어진 좋은 제품이다.

 Point **기타 전치사 관용구**

10

1 **out of + 감정명사** → **원인**(~에서, ~ 때문에)

out of curiosity	호기심에서	out of jealousy	질투심에서
out of fear	두려움에서	out of respect	존경의 마음에서

- **A lot of teenagers start smoking** out of curiosity.
  많은 십 대들이 호기심에서 담배를 피우기 시작한다.

- **She glared at her sister** out of jealousy.
  그녀는 질투심에 언니를 노려봤다.

2 **out of + 명사** → **부정**(~이 없어, ~을 잃어)

out of order	고장 난	out of reach	손이 닿지 않는
out of job	실직한	out of stock	품절인
out of control	통제 불능의	out of fashion	유행에 뒤떨어진

- **The elevator is easily** out of order.
  그 엘리베이터는 쉽게 고장 난다.

- **Due to high demand, the popular toy is now** out of stock.
  수요가 많아서, 그 인기 있는 장난감은 현재 품절 상태이다.

- **The fire spread rapidly and soon became** out of control.
  불길이 빠르게 확산되었고 곧 통제 불능 상태가 되었다.

3 **beyond + 명사 → 능력이나 한도 이상**(~ 밖인, ~할 수 없는)

beyond ability	능력 밖인	beyond doubt	틀림없는
beyond description	이루 말할 수 없는	beyond understanding	이해할 수 없는
beyond comparison	비교할 수 없는	beyond measure	헤아릴 수 없는, 대단히

- **The project is** beyond my ability.
  그 프로젝트는 나의 능력 밖이다.

- **Their acceptance of our requirements will be** beyond doubt.
  그들이 우리의 요구 사항을 받아들이는 것은 틀림없을 것이다.

- **The beauty of the sunset was** beyond description.
  그 일몰의 아름다움은 이루 말할 수 없었다.

- **His love for her is** beyond measure.
  그녀에 대한 그의 사랑은 대단하다.

4 **be + 형용사 + at**

be good at	~에 능숙하다	be amazed at	~에 놀라다
be bad[poor] at	~에 서투르다	be surprised at	~에 놀라다

5 **be + 형용사 + about**

be anxious about	~을 염려[걱정]하다	be concerned about	~을 염려[걱정]하다
be worried about	~을 염려[걱정]하다	be enthusiastic about	~에 열광하다

6 **be + 형용사 + with**

be concerned with	~에 관련되다, 관심을 갖다	be content with	~에 만족하다
be familiar with	~에 익숙하다, ~에 대해 잘 알다	be satisfied with	~에 만족하다
be acquainted with	~을 잘 알고 있다	be preoccupied with	~에 몰두하다

7 **be + 형용사 + for**

be anxious for	~을 염려하다; 갈망하다	be famous for	~로 유명하다
be good for	~에 유익하다, 알맞다	be known for	~로 알려져 있다

8 **be + 형용사 + in**

be interested in	~에 흥미가 있다	be involved in	~에 관련[연루]되다
be engaged in	~에 종사하다	be absorbed in	~에 열중하다

9 **be + 형용사 + to**

be accustomed to	~에 익숙하다	be addicted to	~에 중독되다
be familiar to	~에게 익숙하다	be opposed to	~와 반대되다
be subject to	~의 대상이다	be similar to	~와 유사하다

10 **be + 형용사 + of**

be aware of	~을 알다, 인지하다	be confident of	~을 확신하다
be conscious of	~을 인지[의식]하다	be convinced of	~을 확신하다

11 **be + 형용사 + (up)on**

be keen on	~에 열중하다	be contingent (up)on	~에 달려 있다
be based (up)on	~을 기반으로 하다	be dependent (up)on	~에 의존하다

Exercise

[01 - 26] 다음 중 어법상 적절한 것을 고르시오.

01   We stayed at the bar **[by / till]** 4:00 AM.

02   There was a storm **[for / during]** the night.

03   I lost my cellular phone yesterday, so I will buy **[one / it]**.

04   Paris is the capital of France and the center of **[its / their]** art and culture.

05   He worked for an American company as an accountant **[for / during]** 5 years.

06   Some students in the class passed the exam, but **[the other / the others]** didn't.

07   You have to ask **[you / yourself]** why you have failed to do what you intended.

01 till

해설 시간의 전치사 by는 동작의 '완료'를 의미하여 행위의 완료를 나타내는 동사들과 함께 사용되고, 시간의 전치사 until[till]은 '계속'을 의미하여 행위의 지속을 나타내는 동사들과 함께 사용된다. 문맥상 새벽 4시까지 (계속) 바에 머물러 있었던 것으로, 머무르는 동작은 '계속'할 수 있는 것이므로 전치사 till이 적절하다.

해석 우리는 새벽 4시까지 바에 있었다.

02 during

해설 기간을 나타내는 전치사 for 다음에는 숫자를 포함한 불특정한 기간이 나오고, 전치사 during 다음에는 주로 한정사(소유격/관사)를 포함한 특정 기간이 나온다. 뒤에 the night라는 특정 기간이 나오므로 during이 적절하다.

해석 그날 밤에 태풍이 있었다.

03 one

해설 문맥상 내가 어제 잃어버린 '내 휴대 전화'를 사는 것이 아니라 '불특정한 새 휴대 전화(a cellular phone)'를 산다고 하는 것이 자연스러우므로, 앞서 언급된 단수 명사 cellular phone과 같은 종류의 불특정한 하나를 나타내는 부정대명사 one이 적절하다.

해석 나는 어제 휴대 전화를 잃어버렸으니 하나 살 것이다.

04 its

해설 문맥상 파리는 '프랑스의' 예술과 문화의 중심지라고 하는 것이 자연스러우므로, 단수 명사 France를 대신하며 뒤에 온 명사 art and culture를 수식할 수 있는 소유격 대명사 its가 적절하다.

해석 파리는 프랑스의 수도이자 예술과 문화의 중심지이다.

05 for

해설 기간을 나타내는 전치사 for 다음에는 숫자를 포함한 불특정한 기간이 나오고, 전치사 during 다음에는 주로 한정사(소유격/관사)를 포함한 특정 기간이 나온다. 5 years라는 숫자를 포함하는 기간이 나오므로 for가 적절하다.

해석 그는 미국 회사에서 회계사로 5년 동안 근무했다.

06 the others

해설 여러 개 중에서 몇몇(Some students in the class)을 제외한 나머지 모두를 가리킬 때는 the others로 나타낸다. 따라서 '나머지 한 명의 학생'이 아니라 '나머지 학생들'을 가리키는 the others가 적절하다.

해석 그 반의 일부 학생들은 시험에 합격했지만, 나머지 학생들은 그러질 못했다.

07 yourself

해설 주어와 목적어가 같은 경우 목적어 자리에 '~ 자신[스스로]'이라는 뜻의 재귀대명사를 쓴다. 문맥상 '너는 너 자신에게 물어야 한다'라고 하는 것이 자연스러우므로, 목적어 자리에 you를 대신하는 재귀대명사 yourself가 적절하다.

해석 너는 너 자신에게 의도한 일을 왜 하지 못했는지 물어보아야 한다.

08   Opportunity knocks for **[anyone / those]** who are prepared and ready to seize it.

09   Parents expect their children's achievements will surpass **[that / those]** of other kids.

10   Jane Goodall studies chimpanzees and the impact of human interaction on **[it / them]**.

11   **[Each / Every]** of the cells in our body performs specific functions to keep us healthy.

12   In sports, the results of championship games are of great **[interest / interesting]** to fans.

13   One movie in a four-movie series was a hit, but **[the other / the others]** did not perform well.

14   During the Renaissance, only **[the wealth / the wealthy]** had access to luxurious imported goods.

08 those

해설 anyone who는 '~하는 누구나', those who는 '~하는 사람들'이라는 뜻인데, 뒤에서 이를 수식하는 주격 관계대명사절 내 복수 동사 are가 나오므로 복수 명사인 those가 적절하다. 참고로, anyone이 주어일 때 뒤에 단수 동사가 온다.

해석 기회는 준비되어 있고 잡을 준비가 되어 있는 사람들에게 찾아온다.

09 those

해설 앞에 나온 명사의 반복을 피하는 대명사로 that이나 those를 사용한다. 여기서는 비교 대상이 복수 명사 achievements이므로, those가 적절하다.

해석 부모들은 자신들의 자녀가 이뤄낸 일이 다른 아이들이 이뤄낸 일보다 뛰어날 것이라고 기대한다.

10 them

해설 문맥상 인간과의 상호 작용이 '침팬지들'에게 미치는 영향이라고 하는 것이 자연스러우므로, 복수 명사 chimpanzees를 대신하는 대명사 them이 적절하다.

해석 Jane Goodall은 침팬지와 인간과의 상호 작용이 그들에 미치는 영향을 연구한다.

11 Each

해설 문장의 주어 자리에 오며, of 이하 전치사구의 수식을 받을 수 있는 부정대명사는 each이다. 따라서 '각각'이라는 의미로 'each + of + 복수 명사 + 단수 동사'의 형태로 쓸 수 있는 Each가 적절하다. every는 부정대명사로 쓸 수 없다는 점에 유의한다.

해석 우리 몸의 각 세포는 건강을 유지하기 위해 특정한 기능을 수행한다.

12 interest

해설 동사 is의 주격 보어 자리에는 명사(구/절) 혹은 형용사(구)가 올 수 있다. 전치사 of 뒤에는 명사가 와야 하고, 'of + 추상명사'는 형용사처럼 쓰이므로 of interest(= interesting)를 완성하는 추상명사 interest가 적절하다.

해석 스포츠에서는 챔피언 결정전 결과가 팬들의 큰 관심사이다.

13 the others

해설 4편의 영화 시리즈 중 '한 편(one movie)'과 '나머지 모두(나머지 세 편)'를 말하는 상황이므로, 부정대명사 'one ~, the others ~'로 나타낸다. 따라서 '나머지 영화 한 편'이 아니라 '나머지 영화 모두'를 가리키는 the others가 적절하다.

해석 4편의 영화 시리즈 중 한 편은 큰 인기를 끌었지만, 나머지 영화들은 성적이 좋지 않았다.

14 the wealthy

해설 'the + 형용사'는 '~한 사람들'이라는 뜻의 복수 보통명사로 쓰이는데, 문맥상 '부'가 아니라 '부자들'만이 호화로운 수입품을 접할 수 있었다고 보는 것이 자연스러우므로, the wealthy가 적절하다.

해석 르네상스 시대에는 부유층만이 호화로운 수입품을 접할 수 있었다.

15   Whiskey, **[made from / made of]** grains like barley, corn, or rye, is produced through distillation.

16   There are two books on the desk. One is a mathematics book, and **[other / the other]** is an English book.

17   The IT department conducts cyber security audits **[each / every]** three months to ensure data protection.

18   The organization encourages volunteers to contribute **[its / their]** time and skills to community projects.

19   Students must motivate **[them / themselves]** to study diligently and achieve academic success in their chosen fields.

20   Since numerous entries were submitted for the contest, Mr. Thompson and Ms. Garcia were thrilled when **[they / theirs]** was selected.

15 made from

해설 주어 Whiskey를 수식하는 분사구 자리로, be made from과 be made of는 둘 다 '~으로 만들어지다'라는 뜻이지만, 각각 화학적 변화, 물리적 변화를 나타낼 때 쓴다. 위스키는 완성품에서 재료인 곡물의 형태가 눈에 보이지 않으므로 화학적 변화를 나타내는 (be) made from이 적절하다.

해석 보리, 옥수수, 호밀 등의 곡물로 만들어진 위스키는 증류를 통해 생산된다.

16 the other

해설 2권의 책 중 '한 권(one)'과 '나머지 한 권'을 말하는 상황이므로 부정대명사 'one ~, the other ~'로 나타낸다. 따라서 관사 the와 함께 '나머지 한 권'을 가리키는 the other가 적절하다.

해석 책상 위에 책 두 권이 있다. 하나는 수학책이고, 다른 하나는 영어책이다.

17 every

해설 뒤에 기수(three)와 복수 명사(months)가 있으므로, '~마다, ~에 한 번'이라는 뜻의 'every + 기수(two, three) + 복수 명사' 형태를 이루는 every가 적절하다. each는 부정형용사일 때 단수 명사를 수식한다.

해석 IT 부서에서는 데이터 보호를 위해 3개월마다 사이버 보안 감사를 실시한다.

18 their

해설 문맥상 자원봉사자들이 '자신들[자원봉사자들]의' 시간과 기술을 쏟는 것이라고 하는 것이 자연스러우므로, 복수 명사 volunteers를 대신하며 뒤에 온 명사 time and skills를 수식할 수 있는 소유격 대명사 their가 적절하다.

해석 그 단체는 자원봉사자들이 지역 사회 프로젝트에 그들의 시간과 기술을 쏟도록 장려한다.

19 themselves

해설 주어와 목적어가 같은 경우 목적어 자리에 '~ 자신[스스로]'이라는 뜻의 재귀대명사를 쓴다. 문맥상 '학생들은 스스로 동기 부여한다'라고 하는 것이 자연스러우므로, 목적어 자리에 복수 명사 students를 대신하는 재귀대명사 themselves가 적절하다.

해석 학생들은 스스로 동기 부여하여 열심히 공부하고 선택한 분야에서 학업적 성공을 달성해야 한다.

20 theirs

해설 빈칸은 부사절의 주어 자리로, 문맥상 'Thompson 씨와 Garcia 씨의 응모작'이 선정되었다고 하는 것이 자연스러우므로 Mr. Thompson and Ms. Garcia's entry를 대신하는 소유대명사 theirs가 적절하다. 만약 they가 Mr. Thompson and Ms. Garcia를 가리킨다고 해도 뒤에 온 단수 동사 was와의 수일치가 맞지 않아 답이 될 수 없다.

해석 수많은 응모작들이 공모전에 출품되었기 때문에, Thompson 씨와 Garcia 씨는 그들의 응모작이 선정되었을 때 감격했다.

21   Answering this question in a new, unexpected way is an essential creative act. **[It / They]** will improve your chances of succeeding next time.

22   She asked her sisters to assist _____ in planning a surprise party for her father.

① her   ② herself   ③ them   ④ themselves

23   The Red Cross provides aid and medical care to _____ in conflict zones worldwide.

① sick and wounded   ② sickness and wound

③ the sick and wounding   ④ the sick and wounded

24   The girls had _____ a strong country accent that I could hardly communicate with them.

① so   ② such   ③ every   ④ many

25   Mr. Shimson reminded the students to send _____ their questions about the assignment via email.

① him   ② his   ③ himself   ④ themselves

26   The illiteracy rate in the rural village remained high compared with _____ of the urban center nearby.

① this   ② these   ③ that   ④ those

21 It

해설 문맥상 뒤 문장은 앞 문장을 부가 설명하는 문장으로, 앞 문장의 주어 Answering this question in a new, unexpected way를 가리켜 설명하고 있다. 따라서 동명사구는 단수 취급하므로 대명사 It이 적절하다.

해석 이 질문에 새롭고 예상치 못한 방식으로 답변하는 것이 필수적인 창조적 행위이다. 그것은 다음번에 당신이 성공할 가능성을 높여 줄 것이다.

22 ① her

해설 빈칸은 to부정사의 동사 assist의 목적어 자리로, to부정사의 의미상 주어는 her sisters이다. 문맥상 그녀의 자매들이 '그녀'를 돕는 것이 자연스러우므로, 빈칸에는 her가 와야 한다. 참고로 의미상 주어(her sisters)와 목적어의 일치 여부를 잘 따져서 목적어 자리에 (대)명사를 쓸지 재귀대명사를 쓸지를 결정해야 하는데, herself는 어법상 틀리고, themselves는 '그녀의 자매들이 자신들을 돕다'라고 되므로 적절치 않다.

해석 그녀는 자매들에게 아버지를 위한 깜짝 파티를 계획하는 데 있어 그녀를 돕기를 요청했다.

23 ④ the sick and wounded

해설 빈칸은 전치사 to의 목적어 자리로 명사(구/절)가 올 수 있는데, 문맥상 '사람'에게 구호와 의료 서비스를 제공한다고 하는 것이 자연스럽다. 'the + 형용사'는 '~한 사람들'이라는 뜻의 복수 보통명사로 사용될 수 있으므로 the sick and wounding과 the sick and wounded가 가능한데, 구호와 의료 서비스를 제공받는 사람이 '아프고 부상 입힌 사람들'이 아닌 '아프고 부상당한 사람들'이라고 해야 자연스러우므로 빈칸에는 the sick and wounded가 적절하다.

해석 적십자는 전 세계의 분쟁 지역에서 아프고 다친 사람들에게 구호와 의료 서비스를 제공한다.

24 ② such

해설 빈칸은 뒤에 온 접속사 that과 함께 '너무 ~해서 ~하다'라는 뜻의 'so + 형 + a(n) + 명 + that'이나 'such + a(n) + 형 + 명 + that'의 구문을 완성하는 자리이다. 뒤에 a strong country accent가 있으므로, 빈칸에는 such가 와야 한다.

해석 소녀들은 시골 억양이 너무 강해서 나는 그들과 소통이 거의 불가능했다.

25 ① him

해설 빈칸은 to부정사의 동사 send의 간접목적어 자리로, to부정사의 의미상 주어는 the students이다. 문맥상 학생들이 'Shimson 선생님'에게 질문을 이메일로 보내는 것이 자연스러우므로, 목적어 자리인 빈칸에는 Mr. Shimson을 대신하는 him이 와야 한다. 참고로 동사 send의 목적어(Mr. Shimson)가 의미상 주어(the students)와 일치하는지가 아닌, 문장 전체의 주어(Mr. Shimson)와 일치한다고 착각하여 재귀대명사 himself를 답으로 하지 않도록 주의한다.

해석 Shimson 선생님은 반 학생들에게 과제에 대해 질문이 있으면 이메일을 통해 자신에게 보내 달라고 상기시켰다.

26 ③ that

해설 앞에 나온 명사의 반복을 피하는 대명사로 that이나 those를 사용한다. 여기서는 비교 대상이 단수 명사 The illiteracy rate이므로, 빈칸에는 that이 와야 한다.

해석 시골 마을의 문맹률은 인근 도심의 문맹률에 비해 여전히 높았다.

⭐ 기본 **개념** 잡기

▶ 원급 비교

동등비교	as	
열등비교	not so[as]	+ 형/부의 원급 + as + 비교 대상

- He is as tall as his father (is).
  그는 자기의 아버지만큼 키가 크다.

- Amy solved the problem as cleverly as Tom (did).
  Amy는 그 문제를 Tom만큼이나 영리하게 풀었다.

- He is not so[as] tall as his father (is).
  그는 자기의 아버지만큼 키가 크지 않다.

▶ 비교급 비교

우등비교	1~2음절	원급-(e)r	
	3음절 이상	more 원급	+ than + 비교 대상
열등비교		less 원급	

- You are slimmer than I (am).
  너는 나보다 날씬하다.

- She is more beautiful than her sister (is).
  그녀는 자기 자매보다 더 아름답다.

- Amy solved the problem more cleverly than Tom (did).
  Amy는 그 문제를 Tom보다 더 영리하게 풀었다.

- He is less smart than Tom (is).
  그는 Tom보다 덜 똑똑하다.

최상급

1~2음절	the 원급-(e)st	+ in 장소, 범위 (~에서)
3음절 이상	the most 원급	+ of 복수 명사 (~ 중에서)

- He is the tallest boy in his class.
  그는 자기 반에서 키가 제일 크다.

- Iron is the most useful of all metals.
  철은 모든 금속 중에서 가장 유용하다.

- Honesty is the best policy.
  정직이 최상의 방책이다.

원급·비교급·최상급 대표 불규칙 변화

원급	비교급	최상급
good 좋은	better 더 좋은, 더 잘	best 최상의, 가장 잘
well 잘		
bad 나쁜	worse 더 나쁜, 더 악화된	worst 최악의
ill 아픈		
many (수가) 많은	more 더 많은	most 가장 많은
much (양이) 많은		
little (양이) 적은	less 더 적은	least 가장 적은
late 늦은, 늦게	later 더 늦은, 뒤에	latest 최근의, 가장 늦게
	latter 후자의	last 최후의, 가장 마지막의
far (거리·정도가) 먼	farther 더 먼	farthest 가장 먼, 가장 멀리
	further 추가의, 더 자세한	furthest 가장 심화된

핵심 포인트 잡기

Point **원급·비교급 핵심 포인트**

1

① **혼용·중복 금지**

as의 상관어구는 as이며, more의 상관어구는 than이다. 또한 as ~ as 사이에 -er이 들어갈 수 없다.

혼용 금지	as ~ than ❌	more ~ as ❌	as -er as ❌

more/less와 -er은 중복해서 쓸 수 없다.

중복 금지	more -er than ❌	less -er than ❌	**cf** the most -est ❌

- Business has never been as good as it is now.
  경기가 지금처럼 좋았던 적은 한 번도 없었다.

- Jane is not as young as she looks.
  Jane은 보이는 것만큼 젊지 않다.

- The car insurance rates in urban areas are higher than those in rural areas.
  도시 지역의 자동차 보험료는 농촌 지역의 보험료보다 높다.

- The easiest solution is to do nothing.
  가장 쉬운 해결책은 아무 일도 하지 않는 것이다.

② **비교 대상의 급이 같아야 함**

비교되는 대상은 '품사'도 같아야 하고, '격'도 같아야 하고, 그 '내용'도 같아야 한다. 영작 문제의 경우, 비교되는 두 대상이 서로 바뀌지 않았는지도 확인해야 한다.

- The weather of Korea is much milder than that of Japan.
  한국의 날씨는 일본의 날씨보다 훨씬 더 온화하다.

- My cat is three times as old as his.
  내 고양이 나이는 그의 고양이 나이의 세 배이다.

비교 대상의 급을 묻는 기타 비교 구문들

| A is similar to B | A는 B와 비슷하다 | A is different from B | A는 B와 다르다 |

- **My dream** is similar to **his.**
  나의 꿈은 그의 꿈과 비슷하다.

- **The culture in this city** is different from **that of my hometown.**
  이 도시의 문화는 내 고향의 문화와 다르다.

Point

2

The 비교급, the 비교급: ~하면 할수록 더 ~하다

the가 비교급 양쪽에 모두 위치해야 하며, 최상급이나 원급이 아닌 비교급이 와야 한다. 형용사 보어가 'the 비교급' 형태로 강조되는 경우, 주어보다 앞에 위치해야 한다.

- The higher **we climb,** the colder **it becomes.**
  높이 오르면 오를수록 더 추워진다.

- The more expensive **a hotel is,** the better **its service is.**
  더 비싼 호텔일수록 서비스도 더 좋다.

- The more **people exercise,** the healthier **they are.**
  사람들이 운동을 많이 하면 할수록, 더 건강하다.

- The faster **you run,** the sooner **you'll arrive.**
  빨리 달리면 달릴수록 더 일찍 도착할 것이다.

Point **비교급 강조 부사**

3

much, still, even, (by) far, a lot 등의 부사가 비교급을 강조하여 '훨씬'이라는 의미를 나타낼 수 있다. very 는 비교급을 강조할 수 없다.

* still, by far는 비교급을 후치 수식할 수 있다.

- It is much more difficult than you'd expect to break a habit.
  습관을 깨기란 예상보다 훨씬 어렵다.

- Shimson is very smarter than James. ⊗
  Shimson은 James보다 더 똑똑하다.

Point **라틴계 비교급**

4   ① **라틴계 형용사**

아래의 라틴계 비교급 뒤에는 than이 아니라 to를 써야 한다. 비교급이므로 비교 대상의 급이 같아야 하고 more/less와 함께 쓸 수 없으며 very로 강조할 수 없다.

superior to	~보다 우수한	inferior to	~보다 열등한
preferable to	~보다 더 나은	prior to	~보다 먼저인

- Our product is superior to our competitor's.
  우리 제품이 경쟁사 제품보다 뛰어나다.

- Modern music is often considered much inferior to that of the past.
  현대음악은 흔히 과거의 음악보다 훨씬 열등한 것으로 간주된다.

- For most people, a quiet evening at home is preferable to a noisy party.
  대부분의 사람들은 시끄러운 파티보다는 집에서 조용한 저녁을 선호한다.

- The constitution is prior to all other laws.
  헌법은 다른 모든 법률에 우선한다.

2 **prefer**

	(동)명사	to	(동)명사
prefer	to RV	(rather) than	(to) RV

- I prefer <u>reading</u> a book to <u>playing</u> football.
  I prefer <u>to read</u> a book (rather) than <u>(to) play</u> football.
  나는 축구를 하는 것보다 책을 읽는 것을 더 좋아한다.

- I prefer <u>staying</u> home to <u>going out</u> on a snowy day.
  I prefer <u>to stay</u> home (rather) than <u>(to) go out</u> on a snowy day.
  나는 눈 오는 날 밖에 나가는 것보다 집에 있는 것을 더 좋아한다.

Point **최상급에서 정관사 the의 유무**

5 **1** **형용사의 최상급**

형용사의 최상급 표현에는 the를 붙인다.

- She is the smartest girl in her class.
  그녀는 자기 반에서 가장 똑똑하다.

- Lucy is the youngest member of them all.
  Lucy는 그들 전체 중 가장 어린 구성원이다.

2 **부사의 최상급**

부사의 최상급 표현에는 the를 생략하는 것이 보통이다.

- She drives most carefully in her family.
  그녀는 가족 중에서 가장 조심스럽게 운전을 한다.

- What movie did you watch most recently?
  가장 최근에 본 영화는 무엇인가요?

3 **동일 대상 내의 최상급**

동일한 인물이나 사물을 최상급으로 표현하는 경우에는 the를 쓰지 않는다.

- Seohee is happiest when she is with her family.
  Seohee는 가족과 함께 있을 때 가장 행복하다.

- The river is deepest at this point.
  강이 이 지점에서 가장 깊다.

원급·비교급·최상급 관용 구문

6 ① 원급 관용 구문

'as ~ as'의 기본 의미를 이해하면, 원급 관용 표현도 쉽게 해석할 수 있다.

not so much A as B	A라기보다는 오히려 B인	as ~ as possible	가능한 한 ~하게

- He is not so much a scholar as a businessman.
  그는 학자라기보다는 사업가이다.

- She organized her tasks as systematically as possible.
  그녀는 가능한 한 체계적으로 업무를 정리했다.

② 비교급 관용 구문

'비교급 ~ than'의 기본 의미를 이해하면, 비교급 관용 표현도 쉽게 해석할 수 있다.

not more than not less than	~보다 더 많지 않으니까 → 많아야, 기껏해야 (= at (the) most) ~보다 더 적지 않으니까 → 적어도 (= at (the) least)
no more than * no less than	~만큼 적으니까 → 겨우 (= as little as = only) ~만큼 많으니까 → ~만큼이나 (= as much as)
A is no more B than C is (D)	A가 B가 아닌 것은 C가 (D가) 아닌 것과 같다
A is no 비교급 than B	A도 B만큼 ~하지 않다
would rather A than B	B하기보다는 차라리 A하겠다
much[still] more (긍정문) much[still] less (부정문)	~은 말할 것도 없고
second to none	누구에게도 뒤지지 않는
know better than to RV	~할 정도로 어리석지는 않다

* no more[less] than은 'as + 반대 의미 + as'로 바꾸어 생각하면 쉽다.

- My dad gives me not more than 20 dollars for allowance each month.
  우리 아빠는 나에게 매달 용돈으로 기껏해야 20달러밖에 주지 않으신다.

- The company has not less than 200 employees.
  그 회사에는 적어도 200명의 직원들이 있다.

- Most résumés are read for no more than a few seconds.
  대부분의 이력서는 겨우 몇 초 동안만 읽힌다.

- My monthly pay is no less than 5 million won.
  내 월급은 무려 500만 원만큼이나 된다.

- A whale is no more a fish than a horse is <u>not</u> (a fish). ✖
  → A whale is no more a fish than a horse is (a fish). ◎
    고래가 물고기가 아닌 것은 말이 물고기가 아닌 것과 같다.

- He is no more handsome than his father.
  = He is not handsome any more than his father.
    그도 그의 아버지만큼 잘생기지 않았다.

- I would rather walk than take a taxi.
    나는 택시를 타느니 차라리 걸어가겠다.

- He can speak French, much[still] more English.
    그는 영어는 말할 것도 없고, 프랑스어도 할 수 있다.

- No explanation was offered, much[still] less an apology.
    사과는 말할 것도 없고, 어떠한 설명도 없었다.

- As a dancer, he is second to none.
    무용수로서, 그는 누구에게도 뒤지지 않는다.

- She knows better than to do such things.
    그녀는 그런 일들을 할 정도로 어리석지는 않다.

심슨쌤 꿀팁!

~은 말할 것도 없이

much[still] more (긍정문)	much[still] less (부정문)
not to mention	let alone

- The company gives 3 weeks' holidays, much[still] more a bimonthly bonus.
  그 회사는 격월 보너스는 말할 것도 없고, 3주간의 휴일을 준다.

- No one would ask him to work late, much[still] less force him to do that.
  누구도 그에게 늦게까지 일하라고 강요하지 않을뿐더러, 그렇게 요청하지도 않을 것이다.

- She does not like setting up a budget, not to mention making a plan.
  그녀는 계획을 짜는 것은 말할 것도 없고, 예산을 세우는 것도 좋아하지 않는다.

- It takes up too much time, let alone the expenses.
  그것은 비용은 말할 것도 없고, 시간도 너무 많이 걸린다.

3 최상급 관용 구문

at (the) most	많아 봐야	at (the) least	적어도
at (the) best	기껏해야	not in the least	전혀, 조금도 ~아니다

- The loan limit is at (the) most 5 million won.
  대출 한도는 많아 봐야 5백만 원이다.

- Tom paid at (the) least 3,000 won.
  Tom은 적어도 3천 원을 지불했다.

- He is a second-rate writer at (the) best.
  그는 기껏해야 이류 작가이다.

- The results of the Internet search were not in the least helpful.
  인터넷 검색 결과는 조금도 도움이 되지 않았다.

4 최상급 대용 표현

부정어 + so[as] ~ as A		어떤 것도 A만큼 ~하지 않다
부정어 + 비교급 than A		어떤 것도 A보다 더 ~하지 않다
비교급 ~ than	+ any other 단수 명사	다른 어떤 것보다도 ~하다

- Nothing can be so[as] easy as this.
  이것처럼 쉬운 것은 없다.

- Few living things are linked together so[as] intimately as bees and flowers.
  벌과 꽃만큼 서로 밀접하게 연결되어 있는 생명체는 거의 없다.

- Nothing can be more difficult than to be what other people want you to be.
  남들이 네가 되었으면 하고 원하는 것이 되는 것보다 더 어려운 것은 없다.

- He plays tennis better than any other student in our school.
  그는 우리 학교의 어느 학생보다도 테니스를 잘 친다.

- Mt. Everest is higher than any other mountain in the world.
  에베레스트산은 세계에서 다른 어떤 산보다도 더 높다.

- She is more beautiful than any other girl in the class.
  그녀는 학급의 다른 어느 소녀보다도 더 아름답다.

Point

7 ① **'부정어' 또는 'only + 부사'가 문두에 나온 경우**

'동사 + 주어'의 의문문 어순으로 도치된다. 알맞은 동사의 사용 및 수일치에 유의한다.

	not / never	~이 아닌 / 결코 ~않다
부정어	little / hardly / scarcely / seldom / barely / rarely	거의 ~않다
	not only <u>A</u> but (also) B	A할 뿐만 아니라 B하다
	no sooner <u>A</u> than B	A하자마자 B하다
	on no account / under no circumstances	어떠한 경우에도 ~않다
only + 부사	only then / recently	그때서야 / 최근에야
	only when A <u>B</u>	A할 때에야 비로소 B하다

* 밑줄은 도치가 일어나는 부분을 나타냄 / only가 명사나 대명사 주어를 이끌 때는 도치되지 않는다.

• Never again <u>did lions</u> cross Richard's fence.
  사자들은 Richard의 울타리를 두 번 다시 넘어오지 않았다.

• Hardly <u>could she</u> sleep because of the noise.
  그녀는 소음 때문에 거의 잠을 잘 수 없었다.

• Scarcely <u>are the stars</u> visible during the period of the full moon.
  보름달이 뜨는 기간 동안 별은 거의 보이지 않는다.

• Not only <u>did he</u> let himself down, but he let his team down.
  그는 자기 자신뿐만 아니라 그의 팀도 실망시켰다.

• On no account <u>should you</u> send your money to someone you don't trust.
  어떠한 경우에도 신뢰하지 않는 사람에게 돈을 보내면 안 된다.

• Under no circumstances <u>does she</u> react emotionally.
  그녀는 어떠한 경우에도 감정적으로 반응하지 않는다.

• Only then <u>did I</u> know that she had told a lie.
  그때서야 나는 그녀가 거짓말을 했다는 것을 알았다.

• Only when she left the party <u>did he</u> arrive there.
  그녀가 파티를 떠났을 때 비로소 그는 그 곳에 도착했다.

  cf Only his daughter <u>can enter</u> the room.
  오직 그의 딸만 그 방에 들어갈 수 있다.

2 so/neither + V + S

긍정동의	and + so + V + S	S + V, too
부정동의	and + neither + V + S	S + V, either
	nor + V + S	–

- They have asked him to turn down the music, and so <u>have I</u>.
  = They have asked him to turn down the music, and I have, too.
  그들은 그에게 음악 소리를 낮추어 달라고 요구했고, 나도 그랬다.

- Books are excellent learning tools for children, and so <u>are puzzles</u>.
  = Books are excellent learning tools for children, and puzzles are, too.
  책은 아이들에게 훌륭한 학습 도구이며, 퍼즐도 마찬가지이다.

- I don't drink, and neither <u>does he</u>. [neither: 부사]
  = I don't drink, nor <u>does he</u>. [nor: 접속사]
  = I don't drink, and he does not (drink), either.
  나는 술을 마시지 않으며, 그 또한 마찬가지다.

3 형용사 보어가 문두에 나온 경우

be동사의 보어로 쓰인 형용사나 분사가 문두에 오면 '형용사 + be동사 + 주어'의 어순으로 도치된다.

- Most helpful to the peaceful atmosphere <u>is the presence of comforting music</u>.
  위안이 되는 음악의 존재는 평화로운 분위기에 가장 유용하다.

- Hidden under the bed <u>was a box filled with gold coins</u>.
  침대 아래에 숨겨진 것은 금화로 가득 찬 상자였다.

4 'so + 형/부' 또는 well이 문두에 나온 경우

so ~ that 구문의 'so + 형/부' 또는 well이 문두에 나온 경우, '대동사 + 주어'의 어순으로 도치된다.

- So cold <u>was it</u> that I had to leave early.
  너무 추워서 나는 일찍 떠나야 했다.

- So vigorously <u>did he</u> protest that they reconsidered his case.
  그가 매우 강력하게 항의했기 때문에, 그들은 그의 사건을 재고했다.

- Well <u>do I</u> remember the accident.
  나는 그 사고를 잘 기억한다.

조건 도치

8 **①** **장소·방향의 부사구/There/Here**

장소·방향의 부사구/There/Here가 문두에 오는 경우, 주어가 일반명사이고 동사가 1형식 자동사일 때 주어와 동사의 도치가 일어난다. 단, 대명사일 경우 도치되지 않는다.

> 장소·방향의 부사구/There/Here + V + S(일반명사)
>
> 장소·방향의 부사구/There/Here + S(대명사) + V

- Outside the house <u>stood a boy</u>.
  집 밖에 한 소년이 서 있었다.

- Outside the house <u>he stood</u>.
  집 밖에 그가 서 있었다.

- Between the buildings <u>was a rose that had just bloomed</u>.
  건물들 사이에는 막 피어난 장미 한 송이가 있었다.

- Among the flowers <u>was a single white rose</u>.
  꽃들 중에는 한 송이의 하얀 장미가 있었다.

- Out of the crowd <u>appeared a familiar face</u>.
  군중 속에서 낯익은 얼굴이 나타났다.

- Here <u>comes the bus</u>.
  버스가 온다.

- There <u>she comes</u>.
  그녀가 온다.

② **원급과 비교급 구문의 종속절에서의 도치**

비교 접속사 as나 than이 이끄는 종속절의 주어가 대명사가 아닌 일반명사일 경우 선택적으로 도치될 수 있다. 도치될 경우 알맞은 대동사의 사용에 유의한다.

- Workers want vacations as much as <u>do students</u>.
  = Workers want vacations as much as <u>students do</u>.
  근로자들은 학생들만큼이나 방학을 원한다.

- My son plays more video games than <u>do his friends</u>.
  = My son plays more video games than <u>his friends do</u>.
  내 아들은 그의 친구들보다 비디오 게임을 더 많이 한다.

주절 뒤에 위치한 as 양태 부사절의 도치

양태 접속사 as(~처럼)가 이끄는 부사절의 주어가 대명사가 아닌 일반명사일 경우 선택적으로 도치될 수 있다. 도치될 경우 알맞은 대동사의 사용에 유의한다.

- She's very tall, as is her mother.
  = She's very tall, as her mother is.

    그녀는 자기의 어머니가 그런 것처럼 매우 키가 크다.

Point **가목적어·가주어 it / It ~ that 강조 구문**

9 ① **가목적어-진목적어 구문과 목적어-목적격 보어 도치**

5형식 동사로 쓰인 make, find, keep, think가 to 부정사나 that절을 목적어로 취할 때 반드시 가목적어-진목적어 형태를 취해야 한다. 이때 가목적어 it을 생략하면 틀리고, 목적격 보어 자리에 부사는 올 수 없으며, 진목적어에 원형부정사는 올 수 없다. 그러나 to 부정사나 that절이 아닌 '긴 명사구'를 목적어로 취할 경우, 목적어와 목적격 보어의 어순이 바뀌어 '목적격 보어 + 긴 명사구' 형태로 목적어-목적격 보어 도치가 발생한다. 이 경우 가목적어 it을 쓰지 않음에 유의한다.

make, find, keep, think	+ it + OC + to RV / that절 [가목적어-진목적어] 가목적어　　　　　진목적어 + OC + 긴 명사구 [목적어-목적격 보어 도치]

- He found it impossible to meet the deadline. [가목적어-진목적어]

    그는 마감 기한을 맞추는 것이 불가능하다는 것을 알았다.

- I think it impossible to hand in the paper by tomorrow. [가목적어-진목적어]

    나는 내일까지 보고서를 제출하는 것이 불가능하다고 생각한다.

- He made possible the development of an innovative new product. [목적어-목적격 보어 도치]

    그는 혁신적인 신제품의 개발을 가능하게 했다.

- Keep clean the wallpaper in the rooms which are humid. [목적어-목적격 보어 도치]

    습기가 많은 방의 벽지를 깨끗하게 유지하라.

② 가주어-진주어 구문

문장의 균형을 위해 주어 자리의 to 부정사구나 명사절을 문미로 이동시키고 원래의 주어 자리를 it으로 대신한 것이다. 진주어는 to 부정사구나 명사절(that절, 의문사절 등)만 가능하다.

- It is impossible for me to deceive her.
  내가 그녀를 속인다는 것은 불가능하다.

- It is not yet clear whether they are alive or not.
  그들이 살았는지 죽었는지는 아직 확실하지 않다.

- It doesn't matter where we stay.
  우리가 어디 머무는지는 중요하지 않다.

- It is true that poisonous snakes can make you very ill or even kill you.
  독사가 당신을 매우 아프게 하거나 심지어 죽일 수도 있다는 것은 사실이다.

  cf It takes + 사람 + 시간 + to RV = 사람이 RV하는 데 시간이 걸리다

  - It took me 40 years to write my first book.
    나의 첫 책을 쓰는 데 40년이 걸렸다.

③ It ~ that 강조 구문

주어, 목적어, 부사구(절)을 It ~ that 사이에 넣어서 강조하는 구문이다. 강조되는 대상에 따라 that을 who(m), which, where로 바꿀 수 있다.

- It was she that[who] told Mary the story at school yesterday.
  어제 학교에서 Mary에게 그 이야기를 해 준 사람은 바로 그녀였다.

- It was at school that[where] she told Mary the story yesterday.
  그녀가 어제 Mary에게 그 이야기를 해준 곳은 바로 학교에서였다.

- It was not her refusal but her rudeness that perplexed him.
  그를 당황하게 한 것은 그녀의 거절이 아니라 그녀의 무례함이었다.

- It is the cinematic value that I consider important when watching a movie.
  내가 영화를 볼 때 중요하다고 여기는 것은 바로 영화적 가치이다.

심슨쌤 꿀팁!

It ~ that 강조 구문 vs 가주어-진주어 구문

– It is 명 that 불완전: 강조 구문   – It is 명 that 완전: 가주어-진주어 구문

- It was language that enshrined the memories, the common experience and the historical record. [강조 구문]
  추억과 공통의 경험, 역사적 기록을 간직하고 있는 것은 언어였다.

- It is a fact that you should not drive after drinking. [가주어-진주어 구문]
  술을 마신 후에 운전을 해서는 안 된다는 것은 사실이다.

부가의문문

10 ① 평서문

앞 문장이 '긍정'이면 '부정'으로, 앞 문장이 '부정'이면 '긍정'으로 만든다. 부가의문문의 동사는 주절의 동사에 그 종류와 시제를 맞추어야 한다. 'There + be동사' 구문은 there를 부가의문문의 주어로 쓴다.

- **You have a guitar,** don't you**?**
  넌 기타를 하나 가지고 있어, 그렇지?

- **You asked her out for a date,** didn't you**?**
  너는 그녀에게 데이트 신청을 했어, 그렇지?

- **You'll water the plants while I'm away,** won't you**?**
  내가 없는 동안에 넌 화초들에 물을 줄 거야, 그럴 거지?

- **There isn't any parking lot around here,** is there**?**
  이 근처에는 주차장이 없어, 그렇지?

- **It's not surprising that book stores don't carry newspapers any more,** is it**?**
  서점에서 신문을 더 이상 취급하지 않는 것은 놀랍지 않다, 그렇지 않은가?

심슨쌤 꿀팁!

주절에 '1인칭 주어(I/We) + 판단 동사(think, believe, suppose)'가 올 경우, 부가의문문은 that절 내의 주어와 동사에 일치시킨다.

- **I think (that) it is really excellent,** isn't it**?**
  나는 그것이 정말 멋지다고 생각해, 그렇지?

② 명령문 / 권유문 / 제안문

명령문, 권유문, 제안문의 경우 주절의 동사와 상관없이 각각 will you?, won't you?, shall we?로 받는다.

- **Help me out,** will you**?** [명령문]
  나 좀 도와줄래?

- **Please speak louder,** won't you**?** [권유문]
  좀 더 큰 소리로 말해 주시겠습니까?

- **Let's play tennis,** shall we**?** [제안문]
  테니스 칠까요?

강조와 생략

11 **①** **동사 강조**

동사 앞에 조동사 do/does/did를 넣어 강조한다. be동사 명령문 또한 조동사 do를 이용해 강조한다.

- I do love you.
  나는 너를 정말로 사랑한다.

- You did achieve your goal!
  너 정말로 목표를 달성했구나!

- Do be punctual!
  시간 약속 좀 지켜!

② **명사 강조**

명사는 the very(바로 그)나 재귀대명사(그 자체)를 이용해 강조한다.

- That's the very <u>thing</u> I need.
  그것이 내가 필요로 하는 바로 그 물건이다.

- Few people seem to enjoy their <u>life</u> itself.
  인생을 그 자체로 즐기는 이들은 거의 없는 것 같다.

③ **be동사의 보어로 쓰인 to 부정사에서의 to 생략**

'all/the only thing + 관계절' 또는 관계대명사 what절이 주어이고 관계절 내 동사가 do동사일 경우,
be동사의 보어로 쓰인 to 부정사를 원형부정사로 쓸 수 있다.

> All
> The only thing + S ~ do + is + (to) RV
> What

- All I have to do is <u>(to) write</u> a letter.
  내가 해야 하는 일의 전부는 편지를 쓰는 것이다.

- The only thing you can do now is <u>(to) wait</u> and see.
  지금 네가 할 수 있는 유일한 것은 지켜보는 것이다.

- What you have to do is <u>(to) tell</u> her what you've done.
  네가 해야 할 것은 그녀에게 네가 한 일을 말하는 것이다.

UNIT 11

비교·특수 구문

Exercise

[01 - 22] 다음 중 어법상 적절한 것을 고르시오.

01   Her handwriting is neater than [me / mine].

02   I know no more than you [do / don't] about her mother.

03   At certain times [this door may be / may this door be] left unlocked.

04   [It / There] takes around an hour and a half to finish a standard exam.

05   Not only [we lost / did we lose] money, but also we wasted a lot of time.

06   [It / There] is important to read regularly to expand your knowledge base.

07   Hardly [she had met / had she met] her husband when she started to complain.

08   Little [we thought / did we think] three months ago that we'd be working together.

01 mine

해설 비교급 문장에서 비교되는 대상은 품사, 격, 내용도 일치해야 한다. 비교 대상이 주어 Her handwriting이므로, 그와 동일한 소유격인 mine이 적절하다.

해석 그녀의 필체는 내 것보다 더 단정하다.

02 do

해설 'no more ~ than' 구문의 경우, than 이하에 부정어가 중복 사용되면 안 되므로 do가 적절하다.

해석 그녀의 어머니에 대해서는 나도 너만큼 아는 것이 없다.

03 this door may be

해설 At certain times는 시간 부사구로, 부사구이지만 장소·방향의 부사구는 아니기 때문에 도치가 일어나지 않는다. 따라서 원래의 '주어 + 동사'의 어순대로 this door may be가 적절하다.

해석 특정 시간대에 이 문은 잠그지 않은 채로 있을 수 있다.

04 It

해설 '~하는 데 시간이 걸리다'라는 뜻의 'It + takes + 시간 + to RV' 구문이므로, It이 적절하다.

해석 표준 시험을 마치는 데 약 1시간 30분이 걸린다.

05 did we lose

해설 부정어 Not이 포함된 부정의 부사구(Not only)가 문두에 온 경우, 도치가 일어난다. 문장 내 주어와 동사가 '대동사 + 주어'의 어순으로 도치되므로 did we lose가 적절하다.

해석 우리는 돈을 잃었을 뿐만 아니라 시간도 많이 낭비했다.

06 It

해설 문장의 균형을 위해 원래의 주어 자리에 있던 to 부정사구를 문미로 이동시킨 것이므로, 주어 자리에는 to 부정사구를 대신하는 가주어 It이 적절하다.

해석 지식 기반을 넓히기 위해서는 정기적으로 책을 읽는 것이 중요하다.

07 had she met

해설 부정부사 Hardly가 문두에 나온 경우, 도치가 일어난다. 주절의 주어와 동사가 '대동사 + 주어'의 어순으로 도치되므로 had she met이 적절하다. 참고로, 이 문장은 '~하자마자 ~했다'라는 뜻의 'Hardly + had + S + p.p. ~ when[before] + S + 과거동사' 구문이다.

해석 그녀는 남편을 만나자마자 불평하기 시작했다.

08 did we think

해설 부정부사 Little이 문두에 나온 경우, 도치가 일어난다. 주절의 주어와 동사가 '대동사 + 주어'의 어순으로 도치되므로 did we think가 적절하다. 문장 내에 과거 시점 부사구 three months ago가 있으므로 과거시제로 쓰였다.

해석 3개월 전만 해도 우리가 함께 일하게 될 줄은 생각도 못 했다.

09　So passionately [she advocated / did she advocate] for change that policies were revised.

10　Under no circumstances [a customer's money can / can a customer's money] be refunded.

11　On the northern part of the park [was an old man / an old man was] who seemed to be lost.

12　Our upgraded Internet connection is noticeably faster than any other [provider / providers] in the region.

13　Top software companies are [finding increasingly / finding it increasingly] challenging to stay ahead.

14　Cutting-edge innovations and breakthroughs were featured at the technology conference, [weren't they / didn't they]?

15　The less time you spend on social media, [more productive / the more productive] you'll be in accomplishing your goals.

09 did she advocate

해설 so ~ that 구문의 'so + 형/부'가 문두에 나온 경우, 도치가 일어난다. 주절의 주어와 동사가 '대동사 + 주어'의 어순으로 도치되므로 did she advocate가 적절하다.

해석 그녀가 열정적으로 변화를 옹호하여 정책이 개정되었다.

10 can a customer's money

해설 Under no circumstances라는 부정의 부사구가 문두에 온 경우 도치가 일어난다. 문장 내 주어와 동사가 '대동사 + 주어'의 어순으로 도치되므로 can a customer's money가 적절하다. 참고로, 이미 부사구가 부정어 no를 포함하고 있으므로 동사에 부정형으로 쓰지 않도록 주의해야 한다.

해석 어떤 경우에라도 고객의 돈은 환불될 수 없다.

11 was an old man

해설 장소·방향의 부사구(On the northern part of the park)가 문두에 오는 경우, 주어가 일반명사이고 동사가 1형식 동사일 때 주어와 동사의 도치가 일어난다. 따라서 was an old man이 적절하다. 참고로, 주어가 대명사일 경우 도치되지 않는다.

해석 공원 북쪽에는 길을 잃은 듯한 노인이 있었다.

12 provider

해설 비교급을 이용하여 최상급을 나타내는 경우, '다른 어떤 것보다도 ~하다'라는 뜻의 '비교급 ~ than + any other 단수 명사' 표현으로 쓸 수 있다. 따라서 any other 뒤에는 단수 명사가 오므로, provider가 적절하다.

해석 당사의 업그레이드된 인터넷 연결은 지역의 다른 어떤 제공업체보다 눈에 띄게 빠릅니다.

13 finding it increasingly

해설 find가 5형식 동사로 쓰여 목적어 자리에 to 부정사나 that절이 올 때 'find + 가목적어 it + 목적격 보어(형용사/명사) + to 부정사/that절'의 구조를 취한다. 뒤에 형용사 목적격 보어 challenging과 진목적어 to 부정사구 to stay ahead가 있기 때문에 가목적어 it을 포함한 finding it increasingly가 적절하다.

해석 최고의 소프트웨어 회사들은 (업계에서) 계속 앞서 나가기가 점점 더 어려워지고 있는 것을 깨닫고 있다.

14 weren't they

해설 부가의문문의 동사는 주절의 동사에 그 종류와 시제를 맞추어야 한다. 주절의 주어가 복수 명사 Cutting-edge innovations and breakthroughs이고 동사는 과거시제의 수동태 were featured이므로, 부가의문문은 weren't they가 적절하다.

해석 그 기술 학회에서 최첨단 혁신과 획기적인 기술들이 소개되었죠, 그렇지 않나요?

15 the more productive

해설 '~하면 할수록 더욱더 ~하다'라는 뜻의 'the 비교급 + 주어 + 동사, the 비교급 + 주어 + 동사' 구문이다. 따라서 'the 비교급' 형태인 the more productive가 적절하다.

해석 소셜 미디어에 보내는 시간이 적을수록 목표를 달성하는 데 더 많은 생산성을 발휘할 수 있다.

16 The team manager didn't like the plan, _____ did the rest of the staff.

① so   ② and so   ③ neither   ④ and neither

17 Eating a home-cooked meal is _____ consuming fast food every day.

① very preferable than   ② much preferable than

③ very preferable to   ④ much preferable to

18 The more cautious you are, _____ you'll be to take unnecessary risks.

① less likely   ② least likely   ③ the less likely   ④ the least likely

19 The interest rates on the new loan are _____ than those on the old one.

① as high   ② higher   ③ as higher   ④ more higher

20 My friends in our class didn't work hard to prepare for the exam, _____.

① nor I was   ② nor did I

③ and neither was I   ④ and neither I did

21 Only recently did scientists _____ a new species of deep-sea jellyfish in the Mariana Trench.

① to discover   ② discovering   ③ discover   ④ discovered

22 Numerous barriers have _____ for workers to find employment in the current economic climate.

① made hard   ② made it   ③ made hard it   ④ made it hard

16 ④ and neither

해설 빈칸은 두 문장을 연결하는 접속사 자리이며, 뒤에 주어와 동사의 도치가 일어난 것과 보기의 내용으로 보아 앞 문장에 대한 동의 표현이라는 것을 알 수 있다. 앞 문장이 부정문일 경우, 부정동의 표현은 'and + neither + V + S' 또는 'nor + V + S'로 나타낼 수 있으므로 빈칸에는 and neither 가 와야 한다. 참고로, and so는 긍정동의 표현이고, neither는 부사이기 때문에 앞에 접속사(and)가 있어야 하므로 답이 될 수 없다.

해석 팀장은 그 계획이 마음에 들지 않았고, 나머지 직원들도 마찬가지였다.

17 ④ much preferable to

해설 라틴계 비교급인 'preferable to'는 '~보다 더 나은'이라는 뜻으로, than이 아닌 to와 함께 쓰인다. 또한 비교급 강조 부사로는 very가 아닌 much 가 적절하므로 빈칸에는 much preferable to가 와야 한다. 참고로, very는 원급을 수식하는 부사로 비교급을 강조할 수 없다.

해석 매일 패스트푸드를 먹는 것보다 집에서 직접 요리한 음식을 먹는 것이 훨씬 더 낫다.

18 ③ the less likely

해설 'the more cautious + 주어 + 동사'의 구조가 쓰인 것으로 보아, '~하면 할수록 더욱더 ~하다'라는 뜻의 'the 비교급 + 주어 + 동사, the 비교급 + 주어 + 동사' 구문이다. 따라서 빈칸에는 'the 비교급' 형태인 the less likely가 와야 한다.

해석 네가 더 신중할수록 불필요한 위험을 감수할 가능성이 더 줄어들 것이다.

19 ② higher

해설 뒤에 than이 있으므로 빈칸에는 비교급 표현이 와야 한다는 것을 알 수 있다. 형용사 high는 1음절 단어로, 원급에 -er을 붙여 비교급을 나타내므로 빈칸에는 higher가 와야 한다. 참고로, high의 원급 비교 표현은 as high as이며, 비교 표현을 나타낼 때 as higher나 more higher처럼 원급과 비교급 형태를 혼용해서 쓰지 않도록 주의한다.

해석 새 대출의 이자율은 기존 대출의 이자율보다 더 높다.

20 ② nor did I

해설 보기의 내용으로 보아 빈칸은 앞 문장에 대한 동의 표현이라는 것을 알 수 있다. 앞 문장이 부정문이므로 부정동의 표현 'and + neither + V + S' 또는 'nor + V + S'로 나타낼 수 있는데, 앞의 동사인 일반동사의 부정형 didn't work를 받는 대동사로는 did가 적절하므로, 빈칸에는 nor did I가 와야 한다.

해석 우리 반 친구들은 시험 준비를 위해 열심히 공부하지 않았고, 나 또한 마찬가지였다.

21 ③ discover

해설 빈칸은 문장의 동사 자리로, 문두에 only를 포함한 부사구가 나와 도치가 일어난 구조이다. 주어 scientists 앞에 대동사 did가 쓰였으므로 빈칸에는 동사원형 discover가 와야 한다.

해석 최근에서야 과학자들은 마리아나 해구에서 새로운 종의 심해 해파리를 발견했다.

22 ④ made it hard

해설 빈칸은 문장의 동사 자리이며, 뒤에는 to 부정사구가 나와 있다. 동사 make가 5형식 동사로 쓰여 목적어 자리에 to 부정사나 that절이 올 때 'make + 가목적어 it + 목적격 보어(형용사/명사) + to 부정사/that절'의 구조를 취한다. 의미상 주어 'for + 목적격'과 함께 to 부정사구가 뒤에 있으므로 빈칸에는 이를 대신하는 가목적어 it과 목적격 보어가 함께 있는 made it hard가 와야 한다.

해석 현재의 경제적 상황에서는 수많은 장벽들로 인해 근로자들이 일자리를 구하기가 어렵게 되었다.

Staff

Writer	심우철
Director	강다비다
Researcher	정규리 / 한선영 / 장은영 / 김도현
Design	강현구
Manufacture	김승훈
Marketing	윤대규 / 한은지 / 유경철

발행일: 2025년 1월 8일 (개정 1판 4쇄)

내용문의: http://cafe.naver.com/shimson2000